被害と加害をとらえなおす

虐待について語るということ

信田さよ子
シャナ・キャンベル
上岡陽江

春秋社

被害と加害をとらえなおす——虐待について語るということ

目次

序論――名前のない経験

信田さよ子

本書は画期的な内容である。鼎談の当事者であるわたしが言うのもいささか手前味噌だが、それでも言おう、「これまでになかった本だ」と。とにかく読んでみてほしい。それほどシャナ・キャンベルさんの語る内容は衝撃的だ。

大型書店の一角には虐待とＤＶ（ドメスティック・バイオレンス）のコーナーが設けられる時代になった。そこで何冊か手にとって虐待とは何か、ＤＶとは何かを調べるのであれば、この本を一冊読むだけですべてがわかってしまうだろう。おまけに他の虐待本では巧妙に回避されている部分、性的虐待についてじつにあからさまに詳細に語られている点も、これまでに例がない。

三人を代表して、わたしが最初に一つの物語を提示してみよう。これはわたしが今から十五年前にかかわったケースをもとにしている。もちろん大幅な改編はしてあるが、家族の中の暴力について口火を切るために必要なポイントはおさえたつもりだ。

ある母と娘の物語

C子の話

わたしは十六歳。今、公立高校の二年生ですが、半年前から学校に行くことができなくなり引きこもりがちです。夜間、トレーナー姿でコンビニに出かけるのが唯一の外出です。両親は三年前に離婚し、今は二歳ちがいの姉と母の三人暮らしです。五歳年上の姉は高校卒業後に家を出て、風俗で働きながら一人暮らしをしています。二歳年上の姉も不登校でしたが、精神科に通院しながら週三回のアルバイトに出るようになりました。

わたしはもの心ついてから小学校三年まで、父親が母親を殴《なぐ》るのを日常的に見てきました。技術職だった父親は毎日酔って帰宅し、寝るまでさらに酒を飲んでいました。父が暴れださないように、わたしたち姉妹は食事を早めにすませ、子ども部屋で過ごしました。

暴力はほとんど毎日でしたが、なぜかひどく機嫌がよく、土産などを買ってきてくれる日もありました。母は抵抗するとさらにひどくなることを知っていましたので、いつもぼろ雑巾のように殴られるままになっていました。姉たち二人は宿題などをやるふりをしていましたが、怖がっていたと思います。

わたしが泣きだしたりすると父親がさらに激昂し、「できそこないの子どもを産んだのはだれだ」と暴れだすので、泣くことを必死で我慢しました。姉二人は母に隠れて別々にわたしを殴ったり髪を引っ張ったりしました。学用品が捨てられることもしょっちゅうでした。

母から「パパのような人と結婚しちゃだめよ」と聞かされつづけ、今でもそのことばが呪文のように耳の底に残っています。父が暴れそうになると、台所の包丁やはさみを隠すのもわたしの役目でした。

小三のある夜、わたしが寝ついたころ、母が全裸で突然子ども部屋に逃げてきました。そして、いきなりわたしを抱きかかえると廊下に出し、ドアを閉めてしまったのです。追いかけてきた父も全裸で仁王立ちになっていましたが、薄暗くて表情はよく見えませんでした。顔を近づけ酒くさい息を吹きかけ、「ママには、男がいるんだ、知ってるか」と低い声でつぶやくと、父は突然わたしを抱きすくめたのです。それから何が起きたのか記憶にはありませんが、背後で閉じられてしまったドアと、父親の抑揚のない声の調子だけが記憶に残っています。

今のわたしは唯一、リストカットをしているときだけ生きている感じがします。傷跡が残るかもしれないけれど、あとどれだけ生きられるかわからないので、そんなことどうでもいい気がします。記憶もこうやって話すとつながりますが、ときどき自分が今どこにいて何をやっているのかわからなくなってしまいます。

C子の母の話

夫とは熱烈なプロポーズを受けての結婚でしたので、婚約時代には、「お酒が好きな人」という印象しかありません。まじめな技術者で外で遊ぶこともない人でしたので、お酒ぐらい大目に見なければと思っていました。

ところが仕事が忙しくなり会社での人間関係の摩擦が増えるにつれ、飲酒量とわたしへの暴言、暴力が増していきました。子どもは三人生まれたのですが、夫は酔うと一方的にセックスを求め、避妊にも協力してくれなかったので、いずれも望んだ妊娠とはいえません。経済的にも体力的にも娘が三人というのは負担が大きすぎたのです。あざができるなどは日常的で、右の耳は難聴のままですし、肋骨にひびが入ったことは三回ありました。

しかし長女がしっかりしていましたので、次女と三女の面倒を安心して任せていました。子どものことではそれほど苦労することもなく、C子が小学入学と同時に仕事につき、経済力をつけました。

ある日、銀行の待合室にあった雑誌を目にし、そこで「アルコール依存症」ということばをはじめて知り、これは夫のことだと思いました。そこに掲載されていたカウンセリング機関を訪れ、カウンセラーからのアドバイスと職場の上司だった男性の支えもあり、C子が小学四年のとき、親子四人で思いきって家を出ました。

住民票は移さず仕事を変え、もちろん子どもたちも転校させました。しかし夫は執拗に居場所を探しまわり、一年後、ついに居場所を突きとめられてしまったのです。留守中にアパートに侵入した形跡があり、「おまえといっしょに俺も死ぬ」と書かれた置き手紙が郵便受けに入っていました。目の前が真っ暗になり、恐怖で震えながら警察に届けましたが、夫婦の問題には不介入と言われ何もしてくれませんでした。

その一週間後、酒に酔って自宅近くの路上で待ち伏せていた夫から前歯三本が折れる暴力を受け、夫は警察に連行されました。警察でも意味不明のことばをわめきちらし暴れたため、精神科措置入院となりました。精神鑑定を実施されたようですが、その診断名は知らされていません。

入院中に書面で離婚を申し立てましたが、夫は応じず、結局裁判にもつれこみ、C

子が十四歳になったときやっと離婚が成立しました。その後、一度も夫とは会っていませんが、今でもその影には怯《おび》えています。

離婚が成立してから相次いで娘三人に問題が発生しました。長女は友人に暴力をふるって停学処分となり、わたしにも暴言をはき、暴力をふるうようになったのです。今は家出同然の一人暮らしをしています。次女は中学三年間不登校、その後、わたしとともに精神科医を受診するようになり、今では少し落ちついています。ところが今度はC子が不登校になり、リストカットを繰り返すようになりました。三人の娘を精一杯育てたつもりだったのに、どうして自分の人生はこんなに不幸ばかりなのでしょうか。

暴力と名づけることの困難さ

この夫は精神科医によっておそらくアルコール依存症、それも暴力と嫉妬《しっと》妄想《もうそう》を伴っているタイプと診断されただろう。当時からこのような暴力にまみれた物語は、アルコール依存症の事例として決して特殊ではなかった。

このようなケースに対してはすでに一九八〇年代から積極的に逃げることを勧め、多機関が連携して援助していた。当時はまだ数少なかったシェルターも大きな役割を果たした。一九九〇年代初頭の日本で家族の暴力が表面化する唯一の窓口は、Ｃ子の母のようなアルコール依存症の妻からの訴えだったのだ。それが暴力であるとはじめて名づけられたのは、アルコール依存症の家族相談においてだった。

しかし当時のわたしたちは、暴力そのものを問題にするのではなく、夫のアルコール依存症の症状として暴力をとらえていた。もし少女の父がしらふで暴力をふるったとしたらどうだったろう。路上の暴力で母の前歯が折れたとしても、警察はとりあってくれなかったかもしれない。少女の父はアルコール依存症だったからこそ入院できたのであり、両親は離婚できたのだ。つまり「疾病」として「医療モデル」の枠を利用する以外に、当時は家族の暴力に手をつけることはできなかったのだ。

しかし、暴力の疾病化、病理化によって守られたのは、病気でなければあんなことをしないという神話である。大多数の「ふつう」の男たちは暴力などふるわないという建前は守られたのだ。

それから十年あまり過ぎた二〇〇一年にやっとＤＶ防止法（配偶者からの暴力の防止及び被害者の保護に関する法律）が制定された。アルコール依存症の症状ではなく、夫から妻への暴力そのものに「ドメスティック・バイオレンス」と名前がつけられ、法的規制の対象となったのだ。

その一年前の二〇〇〇年には子どもの虐待防止法（児童虐待の防止等に関する法律）が制定された。それによって、少女の物語で語られた父親の行動は、はじめて「性的虐待」と名づけられるようになった。

おそらく当時は、少女の経験を性的虐待という文脈でとらえる援助者は少なかっただろう。現前するリストカット、昼夜逆転、引きこもりなどの行動だけが注目され、「人格障害」という診断名を与えられ、精神医学のカテゴリーに押しこめられただろう。現在の精神科医療でも状況にそれほど変わりはないかもしれない。しかしながら、精神科医がどうであろうと、少なくとも本人が性的虐待ということばを手にすることのできる時代が訪れたことは確かである。

本書でも上岡さんがみずからの体験談として語っているように、アルコール依存症の回復の途についてから暴力を受けた女性の問題へとたどりつくまでに長い時間がかかっている。「ダルク女性ハウス」［57ページ参照］が設立されて積み重ねられた十四年という年月は、この母娘の物語とわたしが出会ってからの年月とほぼ重なっている。わたしたちが依存症という医療モデルに深く染めあげられたことばを経由せず、暴力そのものを暴力と名づけ、正視できるようになるのに、ゆうに十四年を要したのだ。

それでは、本書においてカウンセラーのわたしと当事者である上岡さんの歩みが「女性の暴力」という一点で切り結ばれたこと、これは単なる偶然だろうか。

鼎談のもう一人のお相手であるシャナ・キャンベルさんも、ありとあらゆる虐待と暴力を受けつづけてきた方である。詳しくは本書を読んでいただければ、その経験のもつ重みに圧倒されるだろう。彼女も「アミティ」［47ページ参照］にたどりつくまでに膨大な時間を生き抜いてきた人である。さらに、たどりついてからも「自分の感情に名前がつけられるまでに五年かかった」と語っている。

三者三様に別個の経験をもちながら、暴力とは名づけることが実に困難であるという点、同じく暴力にまつわる多くの経験や感情を名づけることがきわめて困難である点も、まったくの一致を見ている。これもまた単なる偶然だろうか。

暴力は「ふるわれる側」に名づけられる

では、なぜ暴力と名づけること、そして被害者であると名づけることが困難なのだろう。暴力は一人では成立しない。当たり前のようだが、シャドーボクシングを見て、暴力をふるっているなどという人はいない。暴力は、かならずふるう側とふるわれる側の二者から成り立っている。このことはしばしば看過されがちだ。

物語に登場する夫（少女の父）が、みずからの行為を暴力と名づけるだろうか。まして娘への行為を性的虐待と名づけるだろうか。キャンベルさんが受けた無数の性的虐待の行使者である男性たちは、インタビューされて「はい、僕は性的虐待をしました」などと認めるだろうか。つまり暴力とは、「ふるわれる側」に立ってはじめて名づけられるのだ。名づけることを「定義する」と言い換えるなら、暴力という定義はふるわれる側、被害を受ける側に立ってはじめて可能になるのだ。ふるう側はみずからの行為を暴力であると定義づけることはほとんどない。

このように書いてくると、一つの誤解が生じるかもしれない。街角で殴りあいの喧嘩をしている二人は、お互いに暴力をふるっていると自覚しているのではないか、と。本書で問題にしているのは、そのような対等で偶発的関係における暴力ではない。主として家族という「親密圏」「私的領域」などと命名された閉鎖的無法地帯で行使される暴力である。もしくは親密な関係にある男女（ときには同性）のあいだで主として男性から愛情の交歓としてふるわれる暴力である。

論点をさらに飛躍させれば、国家間の戦闘、武力行使である。武力をふるわれる側からすればテロであっても、ふるう側からは聖戦であると定義されるだろう。イラク民主化のための戦力であると定義づけられる軍隊も、駐留されるほうは占領軍と定義づけるかもしれない。

このように暴力は、きわめて関係的、それも力関係によって大きく定義が変動することばであることを強調したい。別の表現を用いれば、きわめてポリティカル（政治的）なことばである。

ふるう側とふるわれる側に不平等な関係、力の優劣があるかどうかという視点なくして、正義の御旗、鬼の首でもとったようなことばとして「暴力反対」と叫ぶことは絶対的正義の主張と化すだろう。それはしばしば力において優勢である側を正当化する。そしていつしか空疎なスローガンと化していくだろう。そんなことばだけは用いたくない。これがわたしの基本的姿勢である。

本書において暴力を正面からテーマに掲げるにあたっては、このような危険性をたえず意識するようにこころがけた。絶対的被害者も永遠の正義もない、たえずみずからの立ち位置を意識していること、どのような文脈かを見極めること、そして自分の限界を意識していること。それほどまでに注意深くありながら、それでもなお、わたしは物語の少女に行使された父の行為は「性的虐待」であると定義するだろう。そして父から母への行為を「暴力」と定義するだろう。

なぜならわたしは、たえず家族の中のもっとも小さな存在、物語における少女のような立場に立つことをみずからの立ち位置にしているからである。そして、人は他者に暴力をふるってはいけない、というシンプルな地点を最終的根拠としているからである。

加害者としての女性

暴力ということばをできるかぎり決まりきったスローガンから脱却させるには、最近起きたいくつかの事件を例にとればいい。

少年事件といえば、たいてい男子が事件を起こすと考えられてきた。集団リンチのような事件は別として、これまで少女が加害者として事件の主役になったことはそれほど多くない。ところが今年の前半は、少女が単独で同級生を殺す[*1]、少年をマンションから突き落とす[*2]といった事件が起きた。某大臣は「元気な女性が多くなってきた」と反応した。土佐日記ではないが、「男もすなる暴力というものを女もしてみんとて……」とばかりに、やっと女の子も少年犯罪の場に参入したという論調は、巷《ちまた》の人たちを納得させたのかもしれない。

少女ばかりではない。七月に入ってから、少年二人が自宅で何者かに襲われて重傷を負った事件が起きた。当初は外部から入った犯人（もちろん男性の）によるものかと思われたのだが、じつは犯人は祖母だったことが判明し衝撃を与えた。

この事件はこれまでの祖母やおばあちゃんにまつわるイメージを覆《くつがえ》すものだった。年をとれば人間は丸くなり、まして孫は目に入れても痛くないのが当たり前とされてきた。両親は厳しいが祖父母はやさしいと主張し、親子関係を第三者の立場から調整しバランスをとるためにも三世代同居は必要、といった評論家が顔色をなくしてしまう事件である。

これらに加えて、いまや定番と化した虐待母をつけ加えよう。年間の子どもの虐待に関する児童相談所への通報数はここ十年間で十倍の増加だ。慈母、母性愛などということばを蹴散《けち》らしてしまうような母の虐待ぶりは、どれほど従来の母親イメージが実態と乖離《かいり》していたかを、なによりも雄弁に物語っている。

彼女たちはいづれも暴力をふるう側の女性である。最初の物語を思い出していただきたい。なぜ少女と母の物語を並べたのかといえば、その相違点、すれちがい、ずれを読みとっていただきたかったからだ。

母親は、少女の経験してきたことをほとんど想像すらしていない。夫の暴力に苦しんできたことだけで精一杯だったのだろう。まして、ある夜、少女が夫からどのような行為を受けたのかについては、おそらく記憶にもないだろう。多くの父親からの性的虐待は、母親の無関心と否定によってさらに被害が大きくなる。もしも母親が「わたしは精一杯、子どものために生きてきた」と少女にみずからの正当性を主張したらどうなるだろう。少女は自身の経験と母の主張する内容との乖離に引き裂かれていくだろう。

このように、母親も少女にとって加害者性を帯びるのである。夫からの暴力の被害者でありつづけることにおいて、多くの母親は子どもに対して加害者となる。この残酷な関係の錯綜にもっとも無関心であるのは、もちろん父親である。彼はもともと妻への行為を名づけさえしていない。なぜなら日常的な当たり前の行為であるとき、それに名前は要らないからだ。

加害者としての女性という点では、本書に登場するキャンベルさんも同じである。「少女も暴力をふるうのよ」という彼女のことばは、まるで佐世保の事件を予言していたかのようだ。

幼いころから暴力を受けつづけてきた少女は、どうやって生きていくのだろうか、どのようにして生きるエネルギーを獲得していくのだろう。それにはいくつもの答えがある。キャンベルさんのあまりに率直、かつ正直なご自身の物語の中に、それらはすべてこめられている。

わたしと上岡さんは、キャンベルさんがアメリカに戻られてから、ふたたび女性と暴力について語り合った。その内容にもいくつもの答えが潜んでいるような気がしている。

男女を問わず多くの方に、暴力について正面切って立ち向かった本書をぜひ手にとっていただきたい。もしかすると、対象があまりに巨大であることを知らない無謀なこころみであったかもしれない。でも、このような時代だからこそ、これまで語られなかった身近な暴力について真摯に語る必要があると思う。それはきっと、もっと大きな暴力について考えるきっかけを与えてくれるだろう。そのような希望をもっている。

当事者として語ることはいまだに多大な勇気を要するわが国の現状にあって、キャンベルさんと上岡さんの発言は、家族内暴力についての勇気ある貴重な証言だと思う。そしてなにより素晴らしいのは、被害者がしばしば暴力の加害者になり得ることを苦渋とともに語られていることである。

＊1——佐世保小六女児殺害事件

二〇〇四年六月一日、長崎県佐世保市で小学六年の女児が同級生をカッターナイフで切りつけ、死亡させた。インターネット上での容姿をめぐる書きこみが事件の発端になったとされる。

＊2——新宿区の男児突き落とし事件

二〇〇四年六月二十二日、東京都新宿区のマンションで中国籍の男児（五歳）が中学二年の女生徒に突き落とされけがを負った。補導された女生徒は、同区内のゲームセンターで以前から顔見知りだった男児から「店に出入りしていることをお母さんに言う」などと言われ、腹をたててマンションの踊り場から男児を突き落としたとされる。

I——だれがわたしを助けたのか

❖ Shawna Campbell（シャナ・キャンベル）
1954年生まれ。「アミティ」母子プログラムディレクター。売春、薬物依存、刑務所での服役体験などをもつ。

わたしの中にもう一人のわたしをつくる

――シャナ・キャンベル

　わたしは、母親と同じ人生をたどってきたようなところがあります。親からの虐待を受けつづけて、親から捨てられた。母親自身も、自分の家族の問題から早く逃れたいと考えて結婚したようです。

　わたしが二歳のとき、母はわたしを置いて家を出ていったのですが、それはわたしが女の子だからなんだと、ずいぶん長いあいだ思っていました。母は弟を連れて出ていったのです。その弟は、実はレイプされた結果生まれた子です。母はその弟を選び、わたしは連れていってもらえなかった。そのことがずっとこころの中に引っかかっていました。

わたしはその後、五歳になるまで祖母と住むことになりました。すでに二、三歳のころからおじに性的虐待を受けており、拷問と言っていいほどのひどい扱いをされていましたから、幼いころから、女の子はこういうもののために存在するのだと、つまり性的な対象のためにいるんだと、わたしは信じて疑いませんでした。

五歳になって実の父親がわたしを連れ戻しにくるのですが、彼は新しい妻と生活をしていて、そこにはすでに四人の連れ子がいました。そのことをだれもわたしに説明せず、ある日、突然父親が現れて、わたしを連れ去りました。それからわたしは、祖母と会うことを許されなくなったのです。

新しい母親になった人は、わたしが父と話すだけでものすごく怒りました。どなったり、いやがらせをされたために、わたしは幼くして黙することを学んでしまったのです。わたしは生まれてからずっとしゃべらない子どもでした。新しい母親のもとではさらに、黙することしか自分を守る術がないんだと思いこんだのです。

三、四歳のころに、わたしは「サム」という別の人格を自分の中につくりました。「サム」は男の子の呼び名です。当時は知りませんでしたが、実の母親のニックネームが「サム」だったのです。

新しい母にはすでに連れ子が四人いたのですが、父と結婚してからまた二人の男の子が生まれました。そのころ、家事はすべてわたしの役目でした。典型的なシンデレラストーリーです。

わたしのすぐ下の子とすぐ上の子は、二人とも赤毛でした。きょうだいは赤毛と金髪のどちらかに分かれていて、赤毛の子だけがかわいがられ、わたしたち金髪の子は、どうでもいいと思われていました。赤毛の子が何か悪いことをしても、ぜんぶわたしのせいになってしまう。

三年生のとき、わたしは赤毛の妹を殺す計画を立てました。湖が凍ったときにそこで遊ぶことは禁じられていたのですが、ぽっちゃりしたその妹を連れて、危ないと知っていてわざと湖に行ったのです。そこでわたしは妹の背中をばーんと押しました。しかしすぐに自分の足跡が残っていることに気づき、まずい、と思って手を引っ張ったのです。それでわたしは妹のことを殺さずにすみました。

わたしは、継母のことをすごく恐れていましたから、妹を殺そうとしたことが母にばれたら、何をされるかわからないと思ったのです。

あるとき、わたしがベビーシッターで出かけているあいだに、継母がお父さんにある嘘をつき、その嘘のせいで、お父さんはわたしのことを思いきり殴《なぐ》りました。そのときわたしは、もうこんなところにいてやるかという気持ちになり、家出を思いたったのです。

父がわたしのことを殴ったとき、湧き上がる怒りと同時に、わたしは父の目の中に苦しみを見たのです。わたしがここにいることで父に苦しい思いをさせているのだと考え、父に実の母を捜してくれるよう頼みました。

こうして母が見つかり、二日後に母はわたしに会いにきてくれました。これもシンデレラの話そのままですが、母が助けにきてくれたことで、わたしはすべてがうまくいくだろうと思ってしまったのです。そのときわたしは十二歳になっていました。

わたしが父のもとを去ろうと決めたとき、母のところに行きたいというわたしの気持ちは本物でした。それでも、父には、「おまえに行ってほしくない」と言ってほしかったのです。そのことを期待して父に「行くよ」と言うと、父は何も言わない。「さよなら」とも言ってくれませんでした。

ふたたび実母と暮らすことに

こうしてわたしは実の母と、母が次に結婚した相手のもとに行くことになりました。マサチューセッツからテキサスへの長い旅の途中で、母がいっしょに連れていった弟のいるノースカロライナに寄ることになり、その前にわたしたちはバージニア州で一泊することになりました。その一泊のあいだの出来事です。わたしがビーチで遊んで帰ってくると、ホテルの部屋で母が手首を切って血だらけになっていたのです。

とっさに、わたしが何か悪いことをしたから、わたしのせいでこんなことになったんだと思いました。母と新しい夫のあいだの問題であるとは思わず、自分がいけないと思いこんでしまったのです。

その夜から、継父はわたしのからだを触りはじめました。まだ胸もふくらんでいなかったし、全然女性的なからだつきではなかったのに……。

その二、三日後に、わたしは弟に再会することになります。彼を連れて家を出た母は、その後、何回か結婚して子どもを産んでいたということが、あとになってわかりました。しかしそのなかで母は、この弟のことだけはずっと手放さなかったのです。

母も新しい父親もあびるようにお酒を飲む人でした。わたしたちはテキサスの家で生活をはじめたのですが、継父からわたしへの性的虐待はどんどんエスカレートしていきました。父は軍隊出身の体格のいい人で、何かあって呼ばれると、「イエス、サー」と答えなければならないというような、非常に厳しい人でした。

当時もわたしはまったくしゃべらない子どもでしたが、あるとき母に言われたことに反発して、「わたしはお父さんにずっと触られているのよ」と叫んでしまったのです。するとお母さんはわたしを殴って、警察に通報してしまいました。そしてその日のうちに、親の手に負えないという理由で、わたしは少年院に連れていかれたのです。

わたしが入った少年院の房は、檻《おり》のあるひどいところでした。六つほどの二段ベッドが並んだ部屋で、わたしは同室の女の子にからだを触られて、そのことで大喧嘩になったのです。わたしは房に備えつけのシャワーから熱いお湯を出してその女の子にかけたうえ、ボコボコに殴ってしまいました。それが理由で、わたしは三十日間、独房に入れられることになったのです。十三歳のときの出来事です。

独房に入れられていた三十日間はほんとうに怖くて、神様に「助けて」とお願いしていましたが、一方で、こころの中で母にも「助けて」と祈るように乞うていました。神様もお母さんも助けにきてくれないので、わたしは自分のことを獣《けもの》のように感じていました。どこかおかしい……、それなら獣として生きていこうと決めたのです。

自分の中でつくりだした「サム」という人格が、「もうむだな抵抗はやめて、すべてをあるがままに受け入れろ」とわたしにささやいたのです。

その後わたしは、少年院を出ることになり、女の子だけのグループホームのような施設に入れられました。そこにいた女の子もまたひどい子ばかりでした。ホームの主人である男性は、墓場に埋める前の死体を扱う仕事をしていて、家の地下には死体がありました。彼はその死体を使って性的な虐待をしていたのです。彼の妻はいつも精神安定剤を服用していて、鍵をかけた部屋から出てこないというようなひどいホームでした。

ドラッグ、強盗、レイプのすえに捨てられる

もう神経や感覚といったものはなくなりました。死体なんか怖くない。そのホームに、わたしと似たような女の子がいました。その子といっしょにドラッグをやりはじめ、盗みもするようになりました。強盗もしたし、ある人の喉を切り裂いて、そのまま逃げ去ったこともあります。他人を傷つければわたし自身は傷つけられずにすむと思いこんでいましたし、感じるべき感情を薬物によって押さえつけて、感じないようにしていたのです。

ドラッグを使って意識を失ってしまったり、目が覚めたら洋服が裂けていて、知らない人の車の中や、家の中にいることもありました。

そのホームの決まりで、外泊すると少年院に戻されることになっていたので、何度

も少年院とホームを行ったり来たりしました。わたしはけっこう勉強ができたのですが、少年院での授業は遅れているからつまらない。このような荒れた生活のあいだに、一度だけ医師のもとでロールシャッハテスト（人格診断のための技法）を受けて診断されたことがあります。継父から性的虐待を受けていたことを外部の人に話したこともありましたが、だれも信じてくれません。いよいよグループホームにも帰れないことになったとき、もうほかの選択肢がなくて、ふたたび母に頼ることにしました。

こうしてわたしは母のところに戻りましたが、母も継父もお酒を飲んでばかりいて、そこでの生活は最低のものでした。とにかくドラッグをやりまくって、手当たりしだいにセックスをして、なるべく家から遠ざかっていましたが、特別にセックスが好きだったわけではありません。だれかに抱きしめられたい、関心をもってほしい、注意をひきたいという思いだけでした。

そんなころ、当時つきあっていた大学生の男性からプロポーズされたことを母に告げたら、その場で母が怒りだし、わたしとものすごい喧嘩になってしまいました。あとでその男性が結婚の挨拶に来たときには、わたしのいない場で両親が、「あの子は悪い娘だ」と言ったのです。

その翌日、継父が仕事に出かけているあいだに母と喧嘩になり、わたしは母のことをナイフで斬りつけてしまいました。

その後しばらくして、母は妊娠しました。そして子どもを出産したその日、わたしは継父に「生まれてきた赤ちゃんはなんてかわいいんだ、おまえは生きている意味もない」とののしられながらレイプされたのです。

そのとき、別の部屋には弟がいました。わたしはレイプされているあいだ、何も感じないようにして、別の部屋にいる弟に焦点を向けたのです。「家にいるのになぜ助けてくれないの？」と、そのときは怒りを感じていましたが、じつは弟も継父から性的虐待を受けていたことを数年後に知りました。

その後わたしは、母からマサチューセッツに戻るようにと言われて、大吹雪の中を車で連れだされました。そしてその途中でわたしは捨てられたのです。

わたしは置き去りにされたその街で、ヘロイン中毒者が集まる場所を見つけて入りびたるようになりました。わたしは、そこにようやく自分が属する場を見つけたような気になりました。そして、生きていく術をすごい勢いで学んだのです。

それからは、ニューヨークとマサチューセッツのあいだを何キロものヘロインを持って渡り歩く「運び屋」になりました。まだ六十年代のことで、若い女の子がヘロインを運んでいるなどとはだれも思いません。

盗みもしました。五十万ドルほどのお金やドラッグも盗みました。一日中ドラッグを手にしているのですから、わたしの薬物への依存はしだいに深刻になりました。ドラッグがなくなれば、薬代のために売春もしていました。

そんな生活の中でも、急に自分の中の人間的な感覚が呼び覚まされて、家に戻りたくなることもありました。わたしは幼いころにおじから性的虐待を受けていましたが、その妻であるおばはとてもわたしによくしてくれる人でした。その人のところに訪ねて行ったことがありますが、自分が生きてきたこれまでのことを思うと、恥ずかしくてドアを叩くことさえできずに、帰ってくるしかなかったのです。

ドラッグの売人との結婚

そんなある日、わたしは、ドラッグの売人に強盗をはたらき、そのボスに見つかってしまったのです。彼はとてもやさしく、「大丈夫だからいっしょにおいで。問題を解決しよう」とわたしに言いました。

彼はドラッグの売人であっただけでなく、売春の仲介人でもあったのです。その人が、「あなたはとてもきれいだし、ドラッグなんかやっていてはだめだ。もったいない」と言って、わたしを部屋に閉じこめて、二、三週間にわたってある薬を飲ませつづけました。それでわたしは、とりあえずいったんはドラッグをやめることができたのです。その人はわたしの新しい恋人になりましたが、同時にわたしが売春をするときの仲介人でもありました。

あるときわたしたちは、いっしょにジョージア州に行くことになりました。ジョージアは、アメリカ南部の人種差別のとても激しいところです。わたしは白人で彼は黒人でしたので、やはり差別を受けました。一日中、道に立って売春のお客をとるのですが、わたしが白人であるために、黒人からの差別の対象になってしまう。そもそも白人の売春婦がいない地域でしたので、暴力がすべてわたしに注がれてしまうという状態でした。

そのころわたしは喧嘩ばかりしていましたので、まったく歯がありませんでした。鼓膜も破れて、ほお骨や鼻骨、あばら骨も折れて、こころもからだもぼろぼろでした。頭が割れたこともあったので、傷を隠すために髪の毛を結い上げたりしていました。

恋人からも暴力を受けていて、それに対してもわたしが反撃をするものだから、さらに暴力が過激になるという繰り返しでした。

その恋人とは、ジョージアで結婚し、妊娠もしましたが、売春しているときも避妊をしていなかったために、本当に夫の子であるのかどうか、まったくわかりませんでした。そのころはとにかく、子どもがほしかった。格好のいい男と寝て、かわいい子どもがほしいと思っていました。当時、わたしは十七歳でした。

最初の出産のときは、へその緒が赤ちゃんの首に巻かれた状態でしたので、帝王切開で産むことになりました。生まれてきた赤ちゃんは鼻が折れ曲がっていて、こんなはずじゃない、と思いました。夫とも全然似ていない。それなのに、夫のおばあちゃんがお見舞いに来て、足をつかんで赤ちゃんをもちあげ、「あなたはウォーカー家の子よ」と言ったのです。おばあちゃんは娘を、「なんて美しい子だ」と言って、すごくかわいがってくれました。わたしは全然触れられないくらい、夫の家族が娘をかわいがってくれたのです。

わたしたち夫婦は相変わらず、売春をして、西海岸から東海岸をドラッグをもって走りまわるという生活をつづけていました。

そんなある日、夫が殺人をして刑務所に入りました。その場には二人の目撃者がいたので、彼は絶対に刑務所行きだと思っていて、またそのことを願ってもいたのですが、わたしが敏腕の弁護士を雇ったために裁判に勝ってしまい、夫は家に戻ってきてしまったのです。

そこでもわたしは母親と同じ道をたどることになるのです。夫はうちに帰ってきてわたしをレイプし、わたしは息子を身ごもりました。夫がいないあいだ、わたしが独立して生活していたことが、彼の気に触れたのです。それで夫は、自分の権力を見せつけるためにわたしをレイプしたのです。

裁判で夫を救った弁護士がわたしを助けてくれて、その夫とは離婚することができました。結果、わたしはその弁護士とも寝ることになりました。

離婚後もわたしはジョージアに残っていたので、夫は、わたしの居場所を見つけては捕まえて、こっぴどく殴ったり蹴《け》ったりしました。その間、わたしが子どもの面倒を見ていたかどうか、当時の記憶がまったくありません。たぶん全然見ていなかったのだと思います。

しばらくしてわたしはマサチューセッツに戻りましたが、もとの夫が子どもたちといっしょにジョージアに暮らしていたので、子どもとは会えない状態がつづきました。夫が怖くて子どもを取り戻すこともできないし、自分で子どもの面倒を見る自信もありませんでした。

その後、わたしには新しいパートナーができましたが、その男性もわたしに殴る蹴るの暴力をふるっていました。前の夫とのあいだに子どもが二人いて、そのあとに堕《だ》胎（たい）をして、もう妊娠しないようにと卵管結紮（らんかんけっさつ）をしました。あまりにも長く売春をしていたので、子宮が痛くなったりと、わたしのからだはぼろぼろでした。しかし実際には、卵管結紮をしてからも子どもが二人生まれたのです。

そうこうしているうちに、わたしは殺人容疑で指名手配されることになりました。わたしが逮捕されると困るので、子どもは友だちにあずけることにしました。結局、逮捕はされませんでしたが、わたしは警察から監視されることになり、違法なことをしてお金を稼ぐことがむずかしくなりました。そこで、子どもを施設にあずけて、もう一度子どもと暮らすためのお金を稼ごうと考えましたが、結局はふたたびドラッグを製造するようになってしまったのです。ドラッグを製造したということでとうとう捕まり、わたしは刑務所に入ることになりました。

それからは、刑務所や拘置所を出たり入ったり……。わたし自身、とにかく暴力的で、お金と力がほしくて仕方がなかったのです。

最後に刑務所に入ったのが三十五歳のときです。服役しているたった六か月のあいだに、知人や友人がたくさん死にました。そのうちの一人は、三歳の男の子でした。大人たちがドラッグを打っているあいだに冷蔵庫の中に閉じこめられて、たった三年の生涯を終えたのです。そのことはわたしにとって、とてもショッキングな出来事でした。

ある人からの手紙と大切な出会い

わたしが刑務所にいるあいだに、かつて敵だった人がわたしに手紙をくれたのです。その手紙には、彼がどうやって薬物から足を洗ったかということが書かれていました。その手紙を書くこと自体が彼の更生の過程の一つであり、被害者への償いということだったらしいのです。わたしは彼のことを信頼していたわけではありませんが、そのことが、こころに残るとても大きなことでした。

それまでは、ヤク中の女としてこの世に生まれ、存在し、死んでいくのだろうとしか考えていなくて、それ以外の道があるなんて思いもよりませんでした。

また別の人で、死んでしまった友人（男性）の母親が、「刑務所から出たらうちにおいでよ」と声をかけてくれたのです。どうやら彼が、死ぬ前に遺言のようなかたちで、「もし僕が死んだらシャナの面倒を見てあげてほしい」と頼んでくれたようなのです。

わたしにとって、はじめて他人から手を差しのべてもらった体験です。

最初は、わたしのことなんてどうでもいいんだろう、愛する息子のためにわたしを面倒見ているのだろう、と思っていました。その女性がビーさんです。

ビーさんのことを信用していたわけではありませんので、わたしは彼女のことをいつも試していました。どこまでなら彼女が受けとめてくれるのかと、様子を見ていたのです。

とりあえずは、学校に行くこと、ドラッグをやらないこと、カウンセリングを受けること、という三つのことだけはビーさんと約束して守っていました。ビーさん自身、心理学の学位をもっており、わたしがカウンセリングに通う費用もビーさんが出してくれました。

その後わたしは、二、三年を彼女と暮らすことになるのですが、その間、徐々に彼女のことを信頼することができるようになって、彼女に対する愛着心のようなものが生まれてきました。

わたしは彼女との約束を一応は守っていましたが、その約束もこころから守っていたわけではありませんでした。カウンセリングにも、行くには行きましたが、「殺してやりたい」というような気持ちもありました。相手のカウンセラーもまだ若くて、いい子ではありましたが、向こうはわたしをどう思っているかと勘ぐったりもしていました。

それでも、とにかく感情が噴きだしてくるようになって、その感情をどう表していいのかわからないような状態でした。ずっと大きな怒りを抱えてきているのに、わたしは絶対に泣きませんでした。

ドライブに出かけては、大きな鉄製のゴミ箱に、煉瓦をバーンと投げつける。そんなことをつづけていました。偽りの力《パワー》かもしれませんが、そうやってブロックを投げて大きな音を出すことで、自分が力《パワー》を行使していると思っていたのです。

ビーさんはなぜわたしを助けたのか

わたしの友人だったビーさんの息子が死ぬ直前に、わたしがドラッグをやめてクリーンになろうとがんばった時期がありました。しかし、そのときにはうまくいかず、薬をやめることができませんでした。そのことを彼はビーさんに話していたのです。「今回はうまくいかなかったけれど、シャナはまたがんばれるから、長い目で見てやってくれ、彼女のことを助けてやってくれ」と言って亡くなったというのです。それからビーさん自身も、薬物依存がどのようなものかを学んだようです。

そのような背景がわからないときは、彼女から助けてもらっていること、なにか一方的に受けとることが、すごくしんどいことでした。しかし、しだいに彼女のことを理解できるようになってきたのです。ビーさんはわたしを助けたがっているし、わたしも彼女に受け入れられたいと思っている。彼女はわたしに、きちんと洋服を着たり、ご飯をつくったり、掃除をしたり、そういうふつうの生活を送るということを教えてくれました。

結局、それはお互いとって必要なことだと、彼女と生活をともにすることでだんだんと理解できるようになりました。

今では、彼女はわたしにとっての母親です。わたしの実の母親とビーさんは、「わたしが本当の母親なのよ」とお互いに自慢しあっているのです。

わたしが人生でいちばん影響を受けた人がだれかと聞かれたら、一人はまちがいなくビーさんです。自分の家を開放してくれたこと、わたしをはじめて人間として扱ってくれたのがビーさんでした。

もう一人はニーナ・ロットさん。アミティで出会った友だちです。今は自分で施設を運営していますが、かつてはアミティで働いていました。ニーナは、わたしをいい人間、悪い人間と決めつけずに、わたしをわたしとして受けとめてくれた、はじめての友だちです。わたしに、こころからの関心を寄せてくれたのです。

人生と呼べるものができた

ビーさんと出会ってからも、何度も危機はありました。釈放されてから最初の十三か月は、とにかく保護観察から解かれたかったのです。当時わたしが恐れていたのは、薬物をやったらすぐに刑務所に戻されるということです。しかもカリフォルニアは厳しくて、重罪を二回犯したら、三回目は終身刑です。

わたしの場合は何度も刑務所に入っていたので、次回捕まったら、万引きであろうと薬であろうと、終身刑が待っていました。最初の十三か月はそれが大きかった。

　ものすごい怒りにかられたり、薬物を使いたいと思ったりしたことはありました。でも、いつも薬物をやりたいわけではない。どちらかといえば、何かを傷つけたいと、めちゃくちゃにしたい、破壊したいという欲求のほうが強かったのです。

怒りにかられているときに保護観察官が現れて、「どうしてる?」「調子はどう?」とわたしに声をかけるのです。そのときは疎ましくて仕方がありませんでした。「あっちへ行け!」という感じ。

あとでその保護観察官に聞いたところによると、「当時のあなたを見ていると、ちゃんとチェックしてあげないといけないということが、すごくよくわかった」と言うのです。

十三か月後には保護観察が解かれることになりますが、そのころには学校も終わりに近づいていたし、友だちと呼べる人もできました。自分にとって家庭と呼べるところもあったし、人生と呼べるものがありました。高齢者の介護ボランティアをしたり、当時のクリントン政権がつくったジョブコアというシステムで、若い子たちに仕事を教えるようなこともしていました。そのころのわたしには生活があったのです。

アミティとの出会い、もう一人の自分との別れ

刑務所から出てからというもの、それまでの人間関係はすべて切っていました。ようやくビーさんとの生活が落ちついてきたころ、昔の仲間がわたしに声をかけてきました。それがドノバン刑務所のアミティ〔47ページ参照〕にいた人たちで、わたしに会いに来てほしいと言うので、会いに行くことにしました。今はもうありませんが、サンディエゴの中心街にある、クレアモントハウスというところでした。

二年間というもの、わたしはむかしの仲間のだれともコンタクトをとっていなかったので、少し孤独にもなっていました。クレアモントハウスにいる彼ももうドラッグを使っていないと聞いたので、安全だと思って会いに行ったのです。

まずはグループに参加しました。グループの中でいっしょに座った女性のデモンストレーターやスタッフは、みんなかつては売春婦で、刑務所に入っていたり、子どもを捨ててきた人もいました。彼女たちのそのときの姿がとても印象的で、わたしも彼女たちのようになりたいと思ったのです。

しかしその時点でもまだ、彼女たちのことをこころから信頼はしていませんでした。きっと何かある、彼女たちは役割を演じているのだと、どこかで思っていたのです。

それまでの二年間に、わたしは大学にも通ったし、自分の人生を立て直したし、もう問題はないと思っていました。それなのにアミティに来ると、子ども時代の話をするようにと言われて、なぜ子ども時代と今が関係あるのか、と不満にさえ思いました。

その場には興味があったし、所属したいとも思ったけれど、逆に、ここにいたいからこそ自分の過去を知られたくないという気持ちが強かったのです。

「サム」というのが当時のわたしの呼び名でしたので、子どもにもわたしのことを「サム」と呼ばせていましたし、ドラッグ仲間もわたしのことを「サム」と呼んでいました。

アミティに来てはじめて、女性のスタッフから「サムと呼ぶのはやめなさい。本名のシャナと呼びなさい」と言われたのです。

そして、わたしの面倒を見ていてくれたビーさんのもとに戻ったときに、わたしははじめて泣いたのです。泣いて泣いて、何日も泣きつづけました。サムの存在がなくなったら、わたしはどうやって生きていったらいいの？　と言って泣いたのです。

ビーさんもわたしのことを「サム」と呼んでいましたが、わたしがシャナと呼ばれるようになったことを知って、そのことをとても喜んでくれました。しかしわたしは、喜ぶ彼女を見てむかついてしまったのです。

あるとき、ビーさんとアミティのスタッフが相談して、サムという人格のどういうところを残したいのかと、わたしに聞いてくれました。サムの声は残そうか、というようなことです。そのことで、わたしはとても守られていると感じることができました。

アミティ

「アミティ」（amity）とはラテン語で友情・友愛を意味し、米国アリゾナ州を拠点とする犯罪者やあらゆる依存症者の社会復帰を支援する非営利団体である。治療共同体（therapeutic community）をベースにした心理療法的なアプローチにより、今までの生き方を見直し、新しい価値観を育み、人生に向かいあうためにさまざまなアプローチを行っている。

精神分析家であるアリス・ミラーの考え方にそって、なぜ犯罪を犯すようになったのかを子ども時代にまでさかのぼって見つめ、それぞれの傷を受けとめる作業を行う。二十年間試行錯誤をつづけ、全米でもっとも効果のあるプログラムの一つとして注目されている。

スタッフの多くは以前、受刑者だった経験をもつ。アミティのプログラムを受けたのち、専門的なトレーニングを受け、カウンセラーの資格を取り、インターンを務め、ようやくスタッフとして認められる。刑務所内プログラムでは、服役中の受刑者がスタッフとして働いている。

アミティでは、スタッフは自分たちのことを「デモンストレーター」（変わることができるということをみずからが示して見せる人）と呼ぶ。デモンストレーターたちは、みずからの経験を「レジデント」（プログラムの参加者）の前で語り、レジデントたちの「感情」や「語り」を引き出す役目を担っている。みずからをオープンに語り、回復の可能性や道筋を実体験として示すことにより、レジデントもみずからのこころを開いていく。

子どもとの関係を取り戻す

わたしがアミティに出会う前の話です。ビーさんから言われて、一度は捨てた子どもの居場所を確かめるために、わたしは行政にあてて手紙を書きました。

それからアミティのグループに参加するようになって、いろいろなことを話しはじめたのです。そのときは、自分が傷ついたという話はなかなかできませんでした。自分が悪いことをしたということはけっこう話せるのですが、被害者としての自分を語るにはずいぶん長い時間がかかりました。恥の意識が強すぎて、自分がされてきたことを話すことができなかったのです。

アミティのワークショップに出る前には、自分が母親として不十分である、子どもはいるけれども関係を取り戻してはいけない、自分にはそういう価値はないと、自分自身に言い聞かせているところがありました。

アミティの仲間の一人が、子どもと母親のための母子プログラムに参加してはどうかと助言をしてくれたので、わたしはアリゾナで行われている母子のためのプログラムに行くことになりました。しかし同時に、なぜ自分が母子プログラムに行かなくてはならないのかと、みずからに問うたのです。

子どもたちへの償いということと、自分自身に向きあうということが、わたしが出した結論です。この二つの理由からわたしは、プログラムに行くことを決めました。そう決断したその夜に、二人の息子を養子にしてくれた養父母からわたしのところに電話があったのです。

それでわたしは子どもたちに会うことになりました。彼らに会いに行ったその足で、わたしはアミティのプログラムに参加するためにアリゾナに向かったのです。

もう一つ、自分にとっての人生のターニングポイントになる出来事がありました。アリゾナの母子プログラムからしばらくたってあるワークショップに出ているときに、プログラムに参加していた小さな女の子と出会いました。彼女は深いトラウマを抱えていて、まったく表情がありません。いつもお母さんにしがみついていました。

その子が目の前を歩いていくのを見て、急に昔の自分を見ているようだと思ったのです。当時のわたしには、三歳から五歳ごろの記憶がほとんどありませんでした。表情のないその子のことを見て、この子は自分だと思ったのです。そのことがあってから、この場所はとても安全な場所だと思えるようになりました。

それまでに、アミティと出会ってからすでに何年かがたっていました。まわりの女性たちを信頼して、わたしはさらにアミティにかかわっていくようになりました。それでも、子ども時代の記憶がある程度確かなものになって、ある一つの統合されたものになるまでには五年ほどの月日がかかりました。

怒りに名前を与えよう

アミティで得たものといえば、恥の意識を捨てることによって自分を見つめられるようになったこと、もう一つは、長期的な、本当の意味での友情が得られるようになったことです。

トラウマをなくすためには、恥や罪の意識と向きあったり、緩和していったりということが必要です。そのためには、自分の怒りがどこからきて、どのような怒りなのか、何が怖いのか、ということばにならないことを表現していく必要があるのです。またただれかが「それはこういうことなのね」と言ってくれることによって、わたしの感情にはことばがある、名前があるということがわかるのです。怒りに名前を与えることができるのです。

まずは名前をつけて、それに対して自分やまわりがどうだったのか、どうしたらいいのか、ということを考えてはじめて問題に向きあえるのです。

II　経験を語るということ

❖信田さよ子（のぶた・さよこ）
1946年生まれ。臨床心理士。原宿カウンセリングセンター所長。
アルコール依存症、摂食障害、ドメスティック・バイオレンス、子どもの虐待などに悩む本人やその家族へのカウンセリングを行っている。

❖上岡陽江（かみおか・はるえ）
1957年生まれ。ダルク女性ハウス代表。
薬物・アルコール依存症、摂食障害からの回復者であり、回復プログラム、自助グループを実践しつづけている。

❖ Shawna Campbell（シャナ・キャンベル）
1954年生まれ。アミティ母子プログラムディレクター。
売春、薬物依存、刑務所での服役体験などをもつ。子どもを残して家を出たが、数年前に再会し、関係を修復中。

〈鼎談〉信田さよ子×上岡陽江×シャナ・キャンベル

信田　女性をめぐる暴力について、当事者でもあり、現在は援助者としてかかわっているお二人と、カウンセラーという立場でかかわっているわたしの三人で話しあってみたいと思います。

上岡　わたしは「ダルク女性ハウス」〔57ページ参照〕という薬物依存から回復するための女性の施設をはじめて今年で十四年目になりました。

ハウスでは、スタッフによるミーティングを中心にして、みんなで食事をつくったり、トール・ペインティングをしたり、映画館や美術館に行ったり、ふつうの人がふつうにしていることを、薬物を使わずに楽しみながらする、そのような活動が中心です。

夜は、薬物依存者、アルコール依存者、摂食障害をもつ人たちなどの自助〔セルフヘルプ〕グループ[*3]に通うので、それぞれが朝のプログラム、昼のプログラム、夜のプログラムに参加しているという生活です。

施設にはナイトケアとデイケアがあります。自宅からデイケアに通ってくる人もいますし、夜間にナイトケア施設で入寮生活を送りながらデイケアに通う人もいます。デイケアは十二、十三人、ナイトケアは五人まで利用することができます。

信田　ダルク女性ハウスに入寮すると、最初はどのように生活するのでしょうか。

上岡　ハウスに来るようになってはじめの三か月は、ミーティングに参加するだけです。そのプログラムに専念してもらいます。その後、パートタイムの仕事を探して、週に二日、三日と仕事に通う日をだんだんに増やしていく。そうして一年ほどのうちに働けるようになって、施設に通いながら社会に復帰していく。

学校に行く人もいますし、子どもがいる人であれば子どもとつきあっていけるようになるなど、ふつうの家庭生活を安全に送れるようになることをめざしていきます。入寮した場合には、ほぼ一年弱でアパートを借りて自立したり、実家に帰っていったりということになります。

信田　期間は決まっているのでしょうか。

上岡　とくに決まっていません。その人がどのくらい依存症によるダメージを受けているかということが大きく影響していますし、身体的あるいは精神的な疾患があり、

ダルク女性ハウス

「ダルク」(drug addiction rehabilitation center)とは、当事者により運営される薬物依存者のためのリハビリテーション施設である。ダルクでは、薬物依存者に対し、将来自立できるように組み立てられた薬物を使わない生き方のプログラムを提供している。プログラムは、NA(薬物依存症から回復したい匿名の人たちの集り＝ナルコティクス・アノニマス)の提案する12ステップを用い、一日三回のミーティングを行うことを基本とする。

「ダルク女性ハウス」は、一九九一年に薬物依存を経験した二名の女性によって設立された。薬物依存から回復したいと願う女性たちに、身体的・精神的・社会的援助を提供し、その回復を手助けすることを目的とする。

薬物依存からの回復にはさまざまな障害が伴い、女性の場合にはとくに困難なケースも多い。ハウスでは、家族的な雰囲気の中で過ごしながら、プログラムを徹底的に実践していくことで、身体的・精神的回復および社会的自立を促進するための支援を行う。

〈プログラム〉

ハウス入所・通所希望者とその家族にハウススタッフが面接を行い、ハウスのプログラムについて、また回復のために大切なこと伝える。必要に応じて医師等の専門家も紹介する。

薬物依存からの回復にとって、自助グループ・ミーティングはもっとも重要な活動である。ミーティングに参加することにより、薬物への渇望にこころをかきみだされることなく、薬物を使わずにふつうに生活するためのペースをつかむようになる。その他、個別カウンセリング、就労援助、自立後の援助など、必要に応じたサポートを継続的に行う。

医療と切れないという場合もありますので、わたしの印象では、一年はハウスに足繁く通っていて、その後、それが週一回になったり月一回になったりしながら、だんだんとスタッフと電話だけで話をするようになる。それまで、ある程度の期間が必要です。

信田　次はシャナ・キャンベルさんに、アミティについて話していただきます。

キャンベル　アミティ［47ページ参照］はラテン語で友情、友愛を意味することばです。アミティはアリス・ミラーの考え方にそってアリゾナ州（米国）で誕生し、犯罪者やあらゆる依存症者のための社会復帰を支援する非営利団体です。「治療共同体」（therapeutic community）という心理療法的なアプローチに沿って、二十年以上にわたってさまざまなワークショップを行ってきました。治療共同体とは、グループ療法的なメソッドを使い、同じような問題を抱える人が互いに作用しあって回復をめざす共同体です。

アミティの特徴は、参加者みずからが、今までの生き方を見直しながら新しい価値観を育み、新たな人生に向かいあうことをめざすことです。

アミティにはいろいろな側面があるので一言で説明するのがむずかしいのですが、まず最初に、治療共同体であるということです。アミティでは、教えるというよりは、参加者自身が学ぶということが中心です。

まずはモラルについて学びます。いわば、社会でどのように生きていったらいいかということを見つけ、実現していけるようにアミティが手助けをするのです。そのために、デイケアに通ってきたり、あるいはアミティの施設に住みこんだりします。また刑務所の中で行われているプログラムもありますし、刑務所から出た人のためのプログラムもあります。

ふたたび家族をつくっていくときのためには、まず依存症がどのようなものであるか、どこから発症したかということを、自分自身が認識し、自分の子どもにも知らせる必要があるでしょう。

アミティの特徴は、その依存症の種類にかかわらず、参加者のほとんどがほかの治療プログラムではどうにもならなかった人たちです。

信田　参加者の男女比はどのようになっていますか？

キャンベル　さまざまなプログラムがあって常に変化していますので流動的です。統計はとっていませんが、印象としては男性が八〇％、女性が二〇％です。昔はもっと女性が多かったようです。

主な理由として、男性刑務所プログラムがカリフォルニア州で五つ運営されるよう

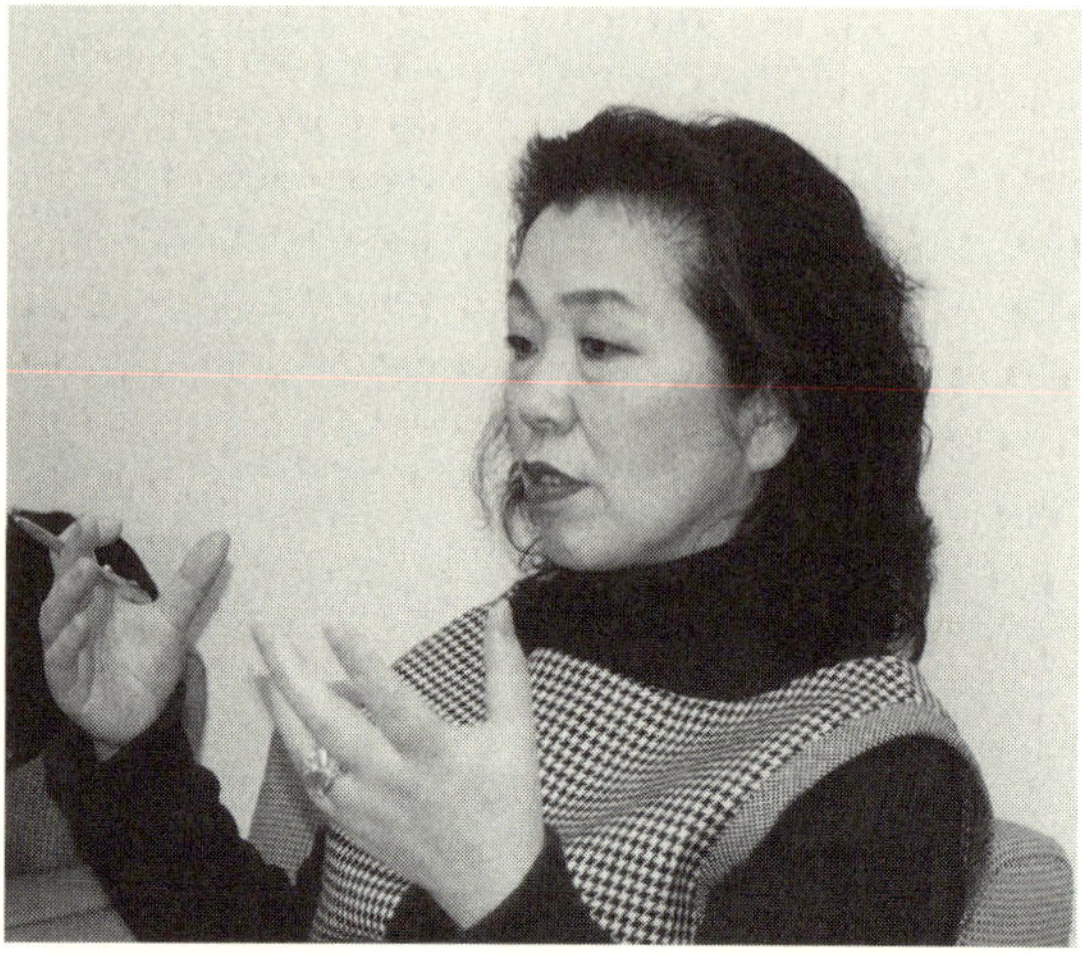
信田さよ子氏

になり、千人を超える男性参加者がいるからです。

上岡　ダルク女性ハウスは名前のとおりぜんぶ女性です。

キャンベル　わたしは今はニューメキシコ州のラ・エントラーダという場所で母子プログラムを受けもっています。参加者は子どもを除いてすべて女性です。アリゾナ州のツーソンにあるアミティは男女混合で、男女混合型はいまは一か所のみです。

信田　三人の中でわたしだけが当事者でないことになりますが……。ある人はわたしのことを「男社会のサバイバー」と呼びましたので、自分を当事者と呼びましょう。

わたしが原宿カウンセリングセンターをはじめて、今年で九年目に入りました。スタッフは全員女性で、カウンセラーは十三人います。ほぼ全員が臨床心理士の資格をもっています。公的な助成金はもらっていませんので、クライエントからの相談料（セッションフィー）のみで運営しています。カウンセリングには個人とグループで行うものがあって、そのほかサイコドラマ（心理劇）という方法を使ったり、新しく開発された方法をとりいれたりしています。

年ごとにクライエントの来所が増えていまして、昨年は約七百五十人が新たにカウンセリングにやってきました。女性が約七〇％で残りが男性という割合です。

センターの特徴は、薬物依存を例にとると、本人がカウンセリングに来るのはごくまれで、多くはその家族が相談に来ます。夫が依存症である場合にはその妻が、子どもの場合には母親がやってきますので、結果的に女性のクライエントが多くなるのです。

グループカウンセリングにもいろいろあります。まずアルコールや薬物依存症の女性のためのグループ、摂食障害の女性のためのグループ、子育てに悩んでいる母親のグループ、アダルト・チルドレンのグループ、父親のグループ、それから共依存関係[*4]にある人たちのグループです。いちばん人数が多いのが共依存の人たちのグループですね。

女性をめぐる暴力の現在

信田　今日はおもに女性をめぐる暴力がテーマです。なかでも薬物依存に関連する暴力の問題に触れてみたいと思います。

まず、女性が被害を受ける暴力があります。それから女性が母親になったときに子どもにふるう暴力、つまり虐待。もう一つは広い意味でのアディクション（＝嗜癖《しへき》。行動の悪習慣を指し、わかっているけれどやめられない行動の総称として用いられる）が関係している暴力です。

この三つを女性と薬物依存の視点で分けると、

一、暴力被害者としての女性、
二、加害者としての女性、
三、嗜癖の発生要因としての暴力被害

になると思います。

女性をめぐる暴力については、国や文化によってちがいがあるかもしれませんし、また共通する部分もあるかもしれません。

上岡　十四年前にダルク女性ハウスをはじめたときには、シングルの若い女性とかかわることが多かったです。覚醒剤やシンナー、睡眠薬の依存症の人たちです。いまはリタリン[*5]が流行っていますが、当時やはりリタリンブームというようなものがありました。

　だいたいは十代後半から四十代前半の人たちで、子持ちの人は少なくて、若いころから薬物を使っていて、そのまま問題が出てきたという状態です。今から十三年くらい前に、高校で覚醒剤が爆発的に流行った時期があったのです。

信田　ポケベルが流行った時期と同じころ？

上岡　そうですね。十六、十七歳の高校生が覚醒剤を使っていて検挙されたということで、そのときにわたしたちは、このあとこの娘たちはどうなるんだろう、危ないな、と思ったわけです。彼女たちが、その後に結婚して子どもを産んで、薬を使いながら子育てをしているというケースが増えたのです。

　人とのよい出会いのないまま孤立していると、かならず暴力との関係が出てきて、彼女たちがドメスティック・バイオレンス[*6]（ＤＶ）の被害を受けていることが問題になってくる。一度は薬をやめていたのに、ＤＶを受けることで昔やっていた覚醒剤やシンナーに手を出したり、アルコールや処方薬がとまらなくなってしまう、というこ

上岡陽江氏

とがはじまっています。

その人たちが子どもを産む年代になっていますが、薬を使いながら子どもを産むというようなことが実際にあります。

わたしたちはダルク女性ハウスでシングルの若い女性の仲間たちとつきあってきたのだけれど、急に変わらざるを得なくなった。少し前まで受けていた激しい暴力があり、そこに薬物が加わって、なおかつ子どもがいる。やはり子どもがいるのといないのでは、ハウスで介入するわたしたちの緊迫度が異なります。

信田　子どもを産むまで薬の使用経験がなくて、産んでから薬物を使うようになった人、結婚してから使うようになった人はいますか？

上岡　かつて薬物を使っていた人が再燃することもあります。しかし、結婚してからはまるのは、精神科で処方される薬が多いような気がします。精神薬（安定剤、抗うつ薬、睡眠薬など）の中にも依存したくなるような薬がたくさんあるのです。

信田　結婚してから発生する薬物依存は合法のものが多いということですね。キャンベルさんのところでは、子どもをもつ母親というのはどのような状況ですか？

キャンベル　アメリカの状況はどんどんエスカレートしていて、薬物使用の第二世代、第三世代といった世代間連鎖が起こっています。世代を越えてどんどん広がっていくのです。

とくにわたしが働いているニューメキシコ州では、今までほとんど薬物依存者に対する治療やケアといったものがありませんでした。女性の薬物依存者に対してはさらに劣悪な状況でした。三世代目にあたる女性、そしてその子どもたちは、筆舌に尽くしがたい、ひどい暮らしをしています。刑務所に収監されている人の八〇％が薬物がらみの事件を起こしています。

信田　日本の女子刑務所も六〇～七〇％が薬物がらみですね。

上岡　栃木にある女子刑務所はとくに薬物依存症の人が多いですね。

信田　わたしたちのセンターには、それほど薬物依存本人の来所は多くありません。

むしろ当事者の親が来ることが多い。まず親が来て、教育プログラムやグループカウンセリングに参加します。従来の対応を大きく変えることで、半年、一年後に本人がやって来るという例は多く見られます。

このような民間カウンセリング機関に相談するには医療機関での保険診療をはるかに超える料金が必要なので、結果的にはクライエントたちは経済的にはミドルクラスに属しているといえるでしょう。そのような階層の人たちは一見問題のなさそうな生活を送っているのですが、子どもたちの薬物問題は増加していると思います。十代後半から二十代前半の若い女性による覚醒剤使用率は着実に上昇している感じがします。

彼女たちの家族関係を聞いていくと、やはりそこには暴力が見つかる。いくら社会的に著名な家族であっても、すさまじい暴力に満ちているなどは全然めずらしいことではありません。そこにアルコール依存との大きなちがいを感じます。

アルコール依存症は、もう少し夫婦関係や生き方の問題が関与しますが、薬物は明らかに暴力と関係があると言わざる得ない。多くは、小学校やそれ以下の年齢からずっと親からの暴力を受けている。その結果かどうかはわかりませんが、異性との関係においても加害・被害の両極を往還するような激しい暴力が出てくる。暴力被害、虐待経験と薬物使用とのあいだには、なんともいえない、すごくいやなつながりがあることを認めざるを得ないですね。

　ところでキャンベルさんのお話を聞いて、ニューメキシコ州では女性の薬物依存者に対してほとんど何のケアもされていないということは驚きでした。

キャンベル　ヒスパニック系やネイティブアメリカンが多い地域では、女性は悪いことをしてはいけない、悪い人であってはいけないという固定観念が強いために、女性が薬物をやるわけがないと思われています。

信田　日本も同じですね。女性は犯罪を犯してはいけないんです。

キャンベル　だから家族も沈黙しているのだと思います。

信田　その意味では、ニューメキシコ州と日本とは親和性がありますね。

キャンベル　ニューメキシコ州はとても抑圧的です。

上岡　薬物依存の娘をもっちゃったら、親は恥ずかしくてひた隠しにしますね。

キャンベル　ニューメキシコ州で女性たちが耐えている暴力の状況というのは、ちょっと信じられないような事態です。わたしでさえ、ここでの状況は今まで聞いた中で最悪だと感じています。

信田　それは、やはり社会的な救援のリソース（資源）がないことに加えて、文化的に抑圧されたものがあるからでしょうか。

キャンベル　その通りです。

信田　日本では、子どもを産んだ母親は、母性愛をもって子どもを舐《な》めるようにかわいがるものだという先入観がありますね。それがふつうだと。とんでもない話です。

キャンベル　ニューメキシコ州でも同じです。

信田　ということは、男性に対して甘い環境だということでしょうか。

キャンベル　とてもマッチョ（男らしさを強調すること）な環境です。

薬物を使って恥の意識に蓋《ふた》をしたい

キャンベル　麻薬や覚醒剤が、精神的、身体的に、長期的にどのような悪影響を及ぼすかということについては、ご存じですか？

上岡　一応知っています。ヘロインがいちばんひどいと言われています。

信田　日本はヘロインは少ないですね。対処法がないから。

上岡　覚醒剤は逆に多いんですよね。

信田　ただ、日本でスピードが蔓延してそれほど時間がたっていないから、それをフォローする調査や研究があまりないのではないかと思います。

キャンベル　むかしはスピードもトイレでつくられたりして、あまり純度もよくありませんでしたが、今は純度の高いものがどんどんアメリカに入ってきています。

上岡　キャンベルさんはヘロインで十年、スピードを十二年ですか？

キャンベル　わたしはつくっていたんです。

上岡　製造責任者？

キャンベル　ヘロインは十五歳から二十代まで使っていました。スピードは十二年間。子宮摘出をしてもスピードをやっていたので、すごくうつ的になっていました。

スピードをやると、十代の男の子たちはすごく性的にアグレッシブになるし、変態的なセックスをしたがる。恥の意識がなくなって、時間の感覚もなくなる。

たとえば母親が子どもを置いて出かけても、ついさっき出ていって、すぐに帰ってきたばかりだと思ってしまう。それが一日だと思っていたのに、実際には何週間もたっていたなんてこともあります。

わたしがスピードを使っている女性たちとつきあっていて感じるのは、彼女たちは薬を使っているときは恥の意識がないけれど、それが終わると何倍もの恥の意識が戻ってくる。それに耐えられなくて、もうどうでもいいと思ってしまう。そしてまた薬を使う。その開き直り感で、ちがう意味でどんどん強くなっていく。

アミティに来る人の六割ぐらいは、最初のセックスがレイプです。それもほとんどが十二歳以前なのです。

それで、そのような性的虐待を受けていた子どもたちというのは、恥の意識を隠して生きているわけですが、薬物を使うことによって恥の意識を感じなくてすむようになる、隠すという役割を果たすのです。しかし薬が切れれば強烈に恥ずかしさが戻ってくる。その繰り返しです。

暴力の中の男性性、女性性

信田　男性たちにも恥の意識はあるのでしょうか。

キャンベル　はい。

信田　それは何に対して?

キャンベル　親密さに対して、それとまったく反対の孤独に対して恐れを感じてしまっていることに、恥の意識をもっています。子ども時代の性的虐待の被害ということでいえば、男性も女性も同じような恥の意識をもっています。

信田　わたしの知るかぎりでは、男性の薬物依存者に恥の意識があるのかな、と思うことがあるのです。

キャンベル　薬物依存者になる前はかならずあったと思いますよ。

上岡　男性は、体力的に足りない部分、精神的に足りない部分を、薬で乗り越えていこうという人もいるようですが。

信田　うーん、そのことと、何か被害を受けたということとはちがうような気がしますが。

キャンベル　たとえば教育とか、お金とか、仕事とか、理想のガールフレンド、もつべき妻とか、そのようなものがもてていないことに対するものかもしれませんね。

上岡　男性の薬物依存者には多いのですが、たとえばお父さんがアルコール依存でお母さんに暴力をふるっていたとする。その場面をずっと見て育ってくると、今は落ちついているように見えても、ふとした瞬間に「怖い面」を見せることがある。そのことは実は、昔のことを思い出したくないという否認である場合があります。

信田　怒りを暴力で表すということですか？

上岡　そう。そのような人にとっては、無力感、うちひしがれた感じ、どうしようもないやるせなさの表現が、怒りや暴力になってしまう。しかしそのことに気づくと、自分が生きていていいのかどうかわからなくなってしまう。男の子はとくに、「お母さんを助けられない」という無力感をもっている場合もあります。暴力を目撃しつづけるという捕らわれの中で育つと、そのことにぜんぶ蓋《ふた》をして、とりあえず生きていかなければならないから、攻撃的に出ていかざるを得なかったという……。

暴力の本質は支配だと思います。「暴力」というのは、目に見える肉体的なものだけではなくて、「親密さの中の支配」とでも言うような、外にはわかりづらい息苦しい状況が長くつづいたんだと思います。

男性は、被害を受けたり無力感にうちひしがれたり、そんな弱い自分を認めて受け入れて語ることがとてもへたです。

信田 そのような、自分の暴力被害の問題と、そのことに対する無力感と、自分がパワーを行使する側、つまり加害者になるということが、男性の場合につながっているということがありますが、女性の場合はどうですか？

キャンベル わたしにはほとんどちがいは見受けられません。

信田 暴力の対象は、女性の場合はだれになるのでしょうか？

キャンベル ほかの女性と子どもですね。

信田 ほかの女性というと、その人に現実的に暴力をふるうのか、それとも支配的な関係になるということですか？

キャンベル　両方です。
信田　日本の場合、女性に対する暴力というのはどうでしょうか？
上岡　これからね。今の若い女の子たちはストレスでパンパンになっていて、今にもきれそうな子が多い気がします。
信田　いじめというかたちでね。
上岡　これからは、いじめを含めて子どもたちの暴力の問題がすごく出てくると思う。
信田　いじめだけでなく、今は殺人事件の加害者の中に、かなり若者、そして小学生の子どもまで入っているということがありますね。

まずはふつうの生活を送ること

信田　アミティが現在、母子の施設でやっている具体的なプログラムの内容を教えてください。
キャンベル　一般の人たちが送っているような、ごくふつうの生活ができるように、ということを念頭に置いています。しかし何をしてもいいというのではなく、ある種の構造をもっています。

まずは、子どもたちを学校に送るまでのあいだに自分が起きているようにするために、かなり早く起きます。朝五時に起きて運動をして、健康管理をします。薬物依存や刑務所にいる人たちというのは、あまり健康に関心をもっていません。HIVの感染者もいますし、肝炎の人、婦人病にかかっている人もたくさんいます。摂食障害の人もいます。

子どもたちが勝手に起きて用意をして学校に行くのではなく、お母さんが、子どもたちが学校に行く準備の手伝いをするのです。

わたしが働いている母子施設では、子どもを中心とした考え方をしています。子どもがいない女性や子どもを失ってしまったお母さんにとってはつらいことですが、そのことには馴れてもらう。

信田　どのくらいの方に子どもがいるのですか？

キャンベル　十九歳から六十四歳の三十人の女性と十一人の子どもがいます。そのうちの五、六人はかなり高齢で子どもも成人して独立しているので、本人だけです。四人は子どもをもったことがない人です。今は六人のお母さんたちが子どもと暮らしています。七人は、数か月後に子どもを呼び寄せることになっています。

子どもたちを学校に送ったあと、三十人のうちの半分の人がプログラムに参加します。仕事がある人はそれぞれ仕事に出かけます。

施設によっては一年半などと縛りがある場合もありますが、わたしたちのところは本人の希望を優先します。

彼女たちが施設に滞在している期間は、大きく五つのステップに分けられます。はじめて来た初期の段階の人は、どちらかというと、自分について学ぶためのゆるやかな準備段階になっています。

わたしが今まで働いてきた施設に比べると、ニューメキシコ州の女性たちはかなり深刻で、精神的な疾患を抱えているなど、それぞれの状況もとても深刻です。

たとえばある二十二歳の女性は、二、三歳のころからヘロインを打たれていて、父親と父親の友だちからずっとレイプされていました。精神的な傷のうえに身体的な傷もあり、かなり深刻な状況なので、精神科の医師が週に一、二回来ますし、メンタルヘルスカウンセラーと看護師がフルタイムで常駐しています。

信田　スタッフは全部で何人ですか？

キャンベル　十六人です。

信田　三十人に対して十六人？　すごいですね。

キャンベル　マッサージやお灸なども希望すれば受けることができるし、子どもに対するケアも行われています。

信田　スタッフは全員女性ですか？

キャンベル　男性が五人です。

上岡　それは全部助成金で運営されているのですか？

キャンベル　ラ・エントラーダの資金として、ニューメキシコ州の矯正局から年間一〇二万ドル（約一億三千万円）のお金が出ています。

上岡　わたしのところは、デイケアとナイトケアで千五百万円くらい。スタッフはフルタイムが二人でパートが二人です。

安心の中でいられること

上岡　昨日、キャンベルさんとワークショップをしたんです。じつはすごく心配でした。それは、わたしたちの仲間には、トラウマ[*7]を抱えていて、思い出すのがつらすぎるそれらの記憶に蓋をして、なんとか生きのびている人が多いからです。否認を解くことでその蓋が開いて、そのままになってしまうと大変だから、キャンベルさんに、「蓋を開けっ放しにしないで」と言ったんです。

そうしたら、そんな心配はいらなくて、開けた蓋はかならず閉める。すごく安全でした。キャンベルさんのように、肉体的にも精神的にも問題がある人と回復のためのプログラムをやっていくには、やはり人数と場所が必要です。そうしないと安全が守れない。

わたしは最初、アミティのプログラムは怖いと思っていたんです。否認を解くためのプログラムだと思った。さきほど言ったように、蓋を開けてトラウマに直面させるためのプログラムを想像していたので、激しく介入して否認を解くやり方は、トラウマをもった女性に対してはきつすぎてむずかしいのではないかと思ったのです。

しかし実際にはそうではなくて、最初にここが安全な場所で、もっといてもいいんだよ、ということがとても大切だ、と。それがあってはじめて直面する勇気が湧いてくるのです。そのなかで、「自分はここにいてもいい、ここのメンバーなんだ」と思うことがとても大切だというのです。

信田　アミティに来る人は全員、裁判所の指示で来るのですか？　自発的に来る人の割合はどれくらいですか？

キャンベル　わたしのいる母子施設は全員、刑務所から出所する際に矯正局に紹介され、自発的に来る人です。

信田　なるほど……。そうなると、動機づけも強いんですね。

キャンベル　来てからつらくなって逃げちゃう人もいるけれど、わたしのところはほとんど逃げません。この二年間で四人だけ。

上岡　二年間に四人しか逃げていないということは、その場が、自分が大切にされる場所だと感じているということですね。

キャンベル　それまでの状況が本当にひどいから、とにかくなんとかしたいと、みんな思っています。たとえば四人のうち二人は、面接の段階でうまくいかなくなったのだと思います。来て一日か二日でいなくなっちゃった。ほかの二人は、スタッフがある時点で、「予定の期間よりも少し長くいたほうがいいんじゃないか」と言ったら出ていきました。

信田　刑務所の中とは当然ちがうわけですよね。

キャンベル　刑務所自体が、精神的にも心理的にも安全な場とはとても言えないわけです。ほかの州の刑務所内で行われているアミティのプログラムも全員強制ではなくて、自分で手紙を書いて参加を希望してきます。刑務所を出たあとでも基本的には六か月のアフターケアプログラムを受けることができます。

刑務所の中では、さまざまなことが口コミで広がります。男性受刑者はどこのギャングに属していて、どのポジションに立っているかということがある種のステータスになる。その中の一人がアミティに参加して完全に変わる。その変わった姿を見て、自分もそうなりたいと思って申し込んだりするということがあります。それが、女性の場合とちがう点です。

ギャングも、けっこう疲れ果てていて、もっと安全に暮らしたいと思っているんです。アミティでは、別にマッチョじゃなくていいし、やさしくていい、ギャングでなくてもいいんだよと、しだいに学んでいくようになります。

生活を取り戻すことの大切さ

キャンベル　さきほど話した二十二歳の女性もとても暴力的な女性でした。しかし彼女がアミティで歓迎されて、そこが安全な場所だとわかって、自分は排除されないんだ、捨てられないんだと確認できると、他人に対する暴力行為、あるいは自分に対する暴力、自傷行為というものも自然となくなるのです。

上岡　わたしたちのところに来る人たちも、生活がすごく壊れているから、そこのところが大変です。

信田　生活習慣の形成ですね。アミティはどんな具合ですか？

キャンベル　朝五時に起きて、朝食が六時半くらい。八時に朝礼のようなものをして、今日もがんばりましょう、というような肯定的なことを言います。それから子どもたちを学校に送って、それぞれプログラムに参加したり、仕事に行ったり。台所仕事をする人、施設内の保育園の仕事をする人、事務的な仕事をする人など、役割分担があります。これはローテーションがあって、いろいろな仕事がまわってきます。

たとえば、月曜日と火曜日に仕事を担当した人は、木曜日と金曜日はクラスに参加するという具合です。

午前中のクラスは、グループワークと、独自のワークブックを使ったカリキュラムがあります。ワークブックは、テーマごと、それから来たばかりの人、初級、中級といった段階ごとにもなっています。段階が移るときに、二、三日使ってワークショップをします。短いワークショップは水曜日に、水・木・金曜日が後期の人のためのワークショップ、月・火曜日は新しくきた人向け、火曜日と木曜日は親のためのクラスがあります。

四時半には授業も仕事も終わって、子どもたちが帰ってきます。子どもたちを「おかえり」と言って迎えて、宿題を手伝ったりします。それから五時から五時半ごろに夕食、六時から六時半まで大人と子ども、別々に夜のミーティングがあります。

子どもたちのミーティングは、ほめあうような肯定的なミーティングです。大人たちは、午前中のミーティングで肯定的な受けとめあいをして、夜のミーティングでは「これはできなかったね、今度はこうしようね」といった振り返りが中心です。その場合にも、問題を責めたり批判したりせずに、指摘してプルアップ(引き上げること)をします。

このプルアップの中で、長くアミティにいる人、あるいは年上の人が、その問題自体すぐに解決できるものなのか、もうしばらくそのままにしたほうがいいのかを判断します。そこでしばらく見つめたほうがいいと判断されれば、時間をおいて、ふたたび話すかどうかを決めることになります。

大検をとったり、12ステップグループ[*8]があったり、あとは自分で好きなことを選びます。ケースワーカーが相談にのることもあります。

信田 寝るのは何時ですか?

キャンベル 九時です。

上岡 五時起きだもんね。ちゃんと寝るためには、やっぱり五時に起きないとだめだね。

信田　よい睡眠がとれそう。

キャンベル　それは別に強制しているのではないのです。子どもを寝かしつけたり、朝起きたりということも、彼女たち自身が生きていくうえで喜びにしていけるようにこころがけています。楽しみながらセレモニーを行い、決してドライで堅苦しい感じではありません。たとえば、子どもを寝かせるときに読み聞かせをする。子どもだけではなくて、お母さんに読み聞かせをすることもあります。アミティでは、なんでもセレモニーにしてしまう。

信田　その「セレモニー化する」というのはポイントですね。わたしはかねがね、依存症をはじめとするあらゆるグループカウンセリングの実践において、セレモニー（儀式）的なものが必要だと考えてきました。決まった時間に決まった場所で、決まったことをする。そのようなセレモニカル（儀式的）な枠組に守られてこそ効果が保証されると思うのです。

キャンベル　週末はどちらかというとゆるやかなプログラムです。家族が訪問してくることも多いので、子どもが二十、三十人になることもあります。そんなときはデイケアの保育園のスタッフが子どもに対応できるよう態勢を整えています。

親子がはじめてそこで再会するというようなケースでは、プログラムがないと、お母さんと子どもが困ってしまうというようなこともあります。お母さんと子どもがうまくコミュニケーションをとれるように、グループで遊んだり、チャイルドセラピストがかかわって一対一でケアしたり、子ども同士が遊べるようなこともしています。

信田　ということは、子どもだけ入っていて親が外にいる人もいれば、親子で入っている人もいるということですね。

キャンベル　そうです。家族が子どもを見ている場合もありますし、子どもは別の施設にいるという人もいます。多くが刑務所にいた人ですから、子どもの親権は州にあることもある。その場合はいっしょに住めないのです。

アミティで知りあったわたしの友人であるニーナ・ロットさんの研究では、子どもたちが母親が変わったことに気づいていないと、関係もうまくいかない、ということがわかります。だから、子どもにはお母さんは変わった、前とはちがうんだよ、努力しているんだよ、と知らせてあげる。

依存症の母をもつ子どもの多くは、小さいころからなんでも自分でやるか、あるいははほったらかしにされていたがために、規則や規律がわからないというタイプのどちらかです。お母さんが急に変わって帰ってきて、いきなり「これをやりなさい」「早く起きなさい」となると、ぜんぶ「いや、いや」となっちゃう。それを見たお母さんが、自分は拒絶されたと感じるという悪循環に陥ってしまいます。
子どもも暴力にさらされてきているので、とにかく反抗的な行動に出て、いやなことがあると暴力に走るという傾向が強いのです。アミティでは、このような状況に対応しているのです。

信田　きめ細やかですね。日本では、母親ならできるはずだという前提があるんですよね。親にも教育やセレモニーが必要だという発想はないんです。

キャンベル　子どもは、育て方のマニュアルといっしょに生まれてくるわけではありませんから。

娘のこと

キャンベル　わたしにはシェリーナという娘がいます。四人の子どものうちで女の子は一人だけです。わたしがアミティのスタッフになる以前のこと、まだプログラムに参加していたときの出来事です。あるときシェリーナがアミティにきました。シェリーナがいっしょのファミリーセラピーの中で、わたし自身はじめて彼女の話を聞いたのです。

わたしは最初の夫との生活で暴力を受けたり、加えたり、常に喧嘩をしていました。すさまじい暴力であるにもかかわらず、自分では何も感じなくなっていたようなところがありました。それが同じ場面にいる娘にどんなふうに映っているかなんて、全然考えていなかったんです。

ファミリーセラピーの中で、それを被害者である娘の口から聞かされると、同じ出来事がまったくちがうように映っていると感じたのです。シェリーナを置いて出たのは、まだ彼女が六歳半のことでした。同じ暴力でも、立場によっていかに受けとめ方がちがうのかがよくわかりました。

上岡　彼女は何と？

キャンベル　たとえば、わたしが殴られてぼろぼろになっていたりすると、血を拭いてきれいにしてくれる。それから、使うことばが子どもらしくない。「お母さん、そんなことしちゃいけないでしょ」と、大人のようにわたしのことを叱るんです。シェリーナは、父親とは取り引きをしていました。お母さんに手を出さないんだったら、わたしはちゃんといい子でいるから、と。条件を父親に突きつけていました。

わたしが娘を置いていったあとで、父親が友だちに娘をあずけたことがあって、そこでまた娘が性的虐待を受けてしまった。彼らからドラッグの使い方を教えこまれたり……。シェリーナはそのとき十二歳でした。

「お母さんがいなくて何が寂しかった？」と聞かれたとき、彼女は答えたんです。「怪我をしたときに、キスをしてくれる人がいなかった」「かわいい服を着せてくれる人がいなかった」って。

小さいころから、彼女はどうでもいい服を着せられていたんです。それから、食事をするときにナプキンをどうやってたたむかとか、どうやって使うかとか、そういうことを教えてくれる人がだれもいなかった。

どうでもいいと思われること、ふつうの日常生活での些細なことをしてくれる人がいなかったことがとても寂しかったと。

そのころのわたしは、自分たちが手を染めていた犯罪行為にのみこまれていて、そんなことに気を配ってあげられなかった。それを聞いてとてもこころが痛みました。だからファミリーセラピーはとても大切なんです。

シェリーナは十七歳のときに売春の仲介人とつきあってＨＩＶに感染してしまいました。

感情を名づけるということ

キャンベル　わたし自身、アミティにきて五年たつまで、おじさんから受けていた性的虐待のことは思い出さなかったんです。三十日間独房に入れられて精神的におかしくなった話も、何年もたってから思い出したことです。

あるときアミティでアートセラピーをやっていたときに、押しこめていた記憶が出てきたんです。絵を描いている最中でした。そのことは思い出したくないことだったから、部屋から逃げ出そうとして、ニーナさんに「だめ、戻ってきなさい」と言われたんです。

そして、「自分のもっている気持ちや感情に名前を与えなさい。それしかないのよ」と言われて。わたしが暴力に手を染めているころは、「恐れ」と「怒り」と「憎しみ」しか知らなかった。それしか名づけることができなかった。むしろ暴力は喜びだったのです。

今は、たとえば「悲しい」とか、「うれしい」とか、「うれしい」に近い「満足している」とか、そういう気持ち一つ一つに名づけることができます。

白か黒か、いいか悪いか、好きか嫌いか、そうやってどちらか一つに決めつけるのではなく、いろいろな感情を豊かに表現できるようになったのです。

外から見れば家族らしい家族

上岡 今回はわたしも自分の話をすることにしましたが、今まではこうして公にすることは両親や親戚に申し訳ないと思って避けてきたことでした。人前で直接に話をすることはしてきましたが、いろいろな人の目に触れることは断ってきたんです。四十七歳になって、二十一年たって、ようやく話をできるようになったかな、と。

わたしは父にも母にも感謝しているし、弟のことも愛している。親戚にも本当に感謝しているんです。

信田 このような対談で自分のことを語るのは、自助グループとは異なる別の勇気がいりますね。聞いているわたしもちょっと緊張しています。

上岡 わたしは二十六歳のときにアルコール依存症の人のための施設につながったのだけれど、今から二十年前、日本では女性のアルコール依存者というのはいないことになっていました。だから、依存症という言葉もなかったし、二十六歳の女性のアルコール依存者というのは世間に存在しなかった。

信田 精神科医も若い女性患者をアルコール依存症とは診断しなかった。彼らの頭の中にも中年男性しか存在していなかったんですね。

上岡 だから、自分に何が起きているのかがよくわかりませんでした。薬を飲むことも、アルコールを飲むことも、たくさんの恋人がいることも、自分が食べ吐きしていることも、すべてがどういうことかわからなかった。宇宙の中にたった一人、という感じで、もちろんだれにも相談しませんでした。

小さいころ、わたしの家は大家族で、おじいちゃん、おばあちゃん、父、母、わたし、弟、あとは職人さんが四人ほどいました。家業は煎餅屋です。わたしははじめての孫で、いつも大人に囲まれてかわいがられて育ちました。

母は労働力だから、わたしは、母ではないまわりの人に育てられました。母にしてみれば、わたしより三歳年下の弟がはじめての子どもだと思えたくらいに、わたしはみんなの子どもでした。

外側から見れば、すごく家族らしい家族です。わたしは暴力を目撃したこともなかったし、父から殴られたこともない。一度だけ、父が怒ってちゃぶ台を投げたことがありますが、それも一度だけ。あとは、たえずまわりに大人がいるというような家族でした。

母とのパワーゲーム

上岡　わたしは喘息がひどくて、小さいころから病弱でした。よくなると言われていたけれど、どんどん悪くなっていて、小学校三、四年生のころに、発作が起こると死ぬんじゃないかと思っていました。だから早いうちから死ぬことを考えはじめた。喘息で死ぬ前に、自分で死のうか、とも。嘘みたいだけれど、家のどこに首をつって死のうか、なんてことも考えていたんです。

わたしは小さいころからすごくしっかりした子どもで、母を助けなければいけないと、いつも思っていました。弟の面倒を見て、おばあちゃんの病気につきそったり、わたしがやる、って三歳くらいのときからです。とても不思議な話ですが、いつも母のことをかばって、母の話を聞いて、元気づけたりしてあげていた。すごく緊張感の高い子どもでした。

でも母にすれば、たえず病気のわたしは死にそうだし、あとでアル中にはなるし、死ぬほど心配してきたと言うのです。わたしとお母さんの感覚がちがう……。

病弱なんだけれど、両親といるとなぜか肩に力が入るんです。このあいだも、実家に帰ってみると、自分が仕事場より緊張しているのがわかる。人からは「暴力を目撃したんじゃない？」って言われるんだけれど、ほんとうにそういうのはありませんでした。

ただ、なんだかわからないけれど、持っているものが見えないかたちですごく重かった。弟とは、「言われないけれども、やらなきゃいけないということが苦しかったよね」と話したことがあるんです。

母はずっとやりたいことも我慢してきたから、母の中にことばにされない感情があって、それはことばにされてはいないんだけれど、弟やわたしにはすごく伝わっていました。

二十六歳でプログラムにつながるまでは、わたしはほとんど母親の影でした。これはあとになってわかったことですが、母が抑圧されてきたことを、ぜんぶわたしが背負ってしまった。当時はあまりにもことばにならなすぎてわからない。それは弟も感じていたことです。

何も言われないけれど競争をあおられる。たえず上昇しなくてはいけない。とにかく走らなければならない。そのことには案外、苦しめられました。いつも何かをかたちにしなければいけない。やりとげなければならない。名前を残さなければならないという圧力が激しかったんです。

信田　両親にとって上岡さんは、役に立つ子どもでなければならなかった。自己評価という点からいえば、自分の評価を親が握っているわけだから、親に見捨てられる、親から何か言われたというときには、とたんに風船が落っこちてしまうのでしょう。

そこには見えない強制とか、期待、支配があって、それで苦しむ人はたくさんいるんです。むしろ今の時代のほうが多い。そういう意味では上岡さんは先駆的だったと言えるかもしれません。

上岡　自分がパワーゲームをしているということさえわかりませんでした。

解離がはじまる

上岡　ずっと喘息がひどかったので、小学校六年生から中学校三年生までの三年八か月ほどを小児病院で過ごしました。それまでも夢見るところのある子どもでしたが、病院に入ってますます解離[*9]するようになりました。

小児病院には小学校一年生から中学校三年生までの子どもがいて、まるで少年院のようなところでした。面会は日曜日だけ、家に帰れるのも年に十日間ほど、全員いっしょ、というのが病院の方針でした。全員平等というのがよくもあったけれど、つらくもありました。

そのころのわたしのことを母親は、「陽江はいつも楽しそうだった」「元気そうだった」と言うんです。ほんとうは母が帰ったあとに泣いていたのに。もともとわたしは大人っぽい子どもでしたが、ますます一人前の大人のようにふるまって、困ったこともだれにも話さなかった。もちろん洗濯なんかも自分でしていました。

病院の中では、いじめもあって、いかに生きぬいていくかという環境でした。それで解離するようになって、だれかと同じ部屋にいながら、「わたしはここにいない、ちがうところにいるんだ」ということにする。

こういうことを知らずに覚えたから、三十歳過ぎまで、知らずに解離するのがつらかった。知らずに解離してしまって、何が起きているのかわからないということもよくありました。

今になるとすごくよくわかる。昔は感覚がおかしくなったり、人の声がちがって聞こえたり、距離がおかしく見えたりということが自然に起きるから、うまくいっているときはいいけれど、ときには、自分がどこにいるのかわからないということもありました。案外そのことで困っていた。

信田　どのくらい前のことですか？

上岡　わたしが二十七歳くらいのとき。アルコールや薬をやめる前。薬物をやめたのが二十年前です。そのあと、十二年前に摂食障害がとまりました。

アルコールや薬物をやめて毎日ミーティングに行くようになって、それでもなんでおかしくなっているのかわからなくて、友人の精神科医に「解離しているんじゃないの？」と言われて。

ある一人の仲間がいて、とても大変な人だったんです。あとになって飛び降りてしまうんだけれど。その人が、同じところでしゃべっていても、まるでその人は火星にいるような気がしていました。

そのことを友人に言ったら、「あなたにも同じ解離の経験があって、彼女も解離していたからじゃない？」って言われたんです。それではじめて、自分も解離していたのだとわかりました。

高校のころのことを振り返ってみると、自分がどこにいるのかわからなくなって、ふと気づくと音楽室にいたとか、授業中だったとか。

ミーティングに参加していたときもよく解離していました。危険なときはわりと覚えているけれど、その危険なところから安全なところに行った瞬間に解離する。それで脈略がつかなくなる。緊張感が高まると解離をする。

とにかく怯《おび》えていて、強迫的で、社会がものすごく怖かった。寂しくて寂しくて仕方がないのに、十一歳くらいで大人になっている気でいたから、寂しいなんてことを言っていいとは思えない。だから、薬物やアルコールを使ったのだと思います。

十八歳で恋人ができたんですが、何を考えるかといえば、いま幸せだから、いま死にたい、と。捨てられることを考えちゃうんです。

食べ吐きと薬物をはじめる

上岡　摂食障害については、中学一年くらいで食事をコントロールしていて、三年生で過食になって、高校は二年半食事をコントロールして、大学受験で食べ吐きするようになった。だれに教わったわけでもありませんが、完璧な摂食障害でした。

高校から、病院を出て家に戻ったんです。両親は病弱なわたしにはむしろやさしくて、いま思えば、わたしが話そうと思えば聞いてくれたと思います。だけどそのころのわたしにとって、入院していたあいだの三年八か月はとても越えられない深い溝でした。助けを求めるよりは、つっぱっていたかった。父はあまりわたしのほうに入ってこない人でしたから、それこそ話さずにすんだ。

わたしが小さいころに父が病弱だったために、ピリピリしている時期がありました。そのうえわたしは中学時代、父とも弟ともはなれて生活をしていました。だから高校生になって家に戻ると、とても違和感を覚えてしまう。父と弟が急に異性として感じられるようになり、とまどってしまったのです。みょうに異性として意識してしまう自分に嫌悪感をもってしまった。それがそのときのわたしには大変でした。そんなことはだれにも相談できないし、とても苦しい思いをしました。

当時飲んでいた喘息の薬には塩酸エフェドリンが入っていて、気分が変わりやすくなる。それを大量に飲んでいましたから、絶えず気分が上下していました。小学生のころはステロイドもたくさん使っていましたから、太ってしまって、ダイエットのために食事をコントロールしはじめたのです。いま思えばかわいそう……。

気分は変わるし、感染症にも弱くなる。食べたいのに食べられない、風邪をひけば長いし、家族に対しては緊張感をもっている。

中学生のときに、塩酸エフェドリンを飲むと気分が変わるということがわかりました。入院をしていたそのころは不安でいっぱいで、薬をナースステーションに盗みにいって、ためておくのが好きでした。山のように薬をもっていました。

病院を出て、高校に通うようになって食べ吐きを繰り返していて、その後に大学受験に失敗して、一年後にはアルコールにはまっていました。

愛がないから殺してくれない

上岡　恋人も住む場所もいっぱい変わって、アルコール、安定剤、睡眠薬、痛みどめ、マリファナ……、手当たりしだいにやっていました。そのころはまだ、覚醒剤はヤクザにしか売ってくれませんでした。

十九歳から二十六歳の八年間は、ずっとアルコールと薬物を使っていました。最後にどうしようもなくなって、何が起きているのかもわからず、どう説明していいのかもわからないから、だれにも相談できない。

もうだめだと思っているのに、やめたいとは思ってもやめられない。もうやめられないと思っていたんです。まわりにいる男の人に「殺してくれ」と言ったけれど、だれもわたしのことを愛していないから殺してくれない、と思って恨んでいました。

「わたしを愛しているなら殺してくれ」と言って。でも自殺もできなかった。

わたしのまわりにはたえず五人ぐらいの男の人がいましたが、なんでみんな愛がないんだろう、ほんとうに愛してくれる人はだれもいないと思っていました。

自分で薬をやめることはできないから死ぬしかない。でも死ねない。そのうちに薬をやめたいという気持ちもなくなっていきました。

それがあるとき、ブラックアウト（意識消失）の中でいろいろな人に電話をして「わたしは死ぬ」と言ったらしい。そうしたら、朝になってみんなから電話がかかってきて、「どういうことなのか、とにかく話をしに来い」と言われて、はじめて友だちに相談をしたのです。じつは、そのときもひどい状態で、薬と酒でフラフラで、前後の記憶があまりありません。

そのころの精神病院は、入ったら出られないようなところで、アルコール依存者は十年、二十年と入院しているという状態でした。だから、精神病院ではなくて、街の中、社会の中にあるものがいいというので、友だちが自助グループを探してくれたんです。そこから施設を紹介されました。東京の山谷の近くにある施設で、女性が五人、男性は三十五人から四十人くらいいました。八〇年代のことです。

当時は女性はめずらしかったんです。ちょうど女性の依存症者を受けいれることになったばかりでした。そのころから女性の薬物依存者が増えつつありました。

わたしが施設に行くようになって十日後にナイトケアができることになって、女性のナイトケアの第一号として入所者になりました。わたしのほかにもう一人女性がいましたが、彼女は三か月後に隅田川で自殺してしまいました。スタッフの目の前で川に飛びこんだのです。

彼女はホームレスで、ずっと娼婦をして、山谷に住んでいました。わたしの目には六十歳すぎに映っていたけれど、五十歳ぐらいだったかな。もうぼろぼろという感じでした。とても悲しい思い出です。

「依存症」と名づけられてうれしかった

上岡　施設に入ってから一応、わたしは「依存症」ということになりました。そのころはまだ「中毒」と言われていました。「アルコール中毒」と名前がついて、「ああ、わたしはアル中だったのか」と、すごくうれしかったですね。わたしにとってなによりのことでした。

自分は一人じゃない、わたしのほかにもアル中の人がいるんだ、もう説明しなくてもわかってくれる仲間がいるんだ、と思いました。

アルコールをやめる自信はまったくなかったけれど、説明しなくちゃいけないというところから、説明しなくてもいい人の中にいることがうれしかったんです。だから、わたしはやめることはできなくても、せめてやめている人のそばにいようと思ったんです。

信田　今の上岡さんの発言は、なによりはっきり自助グループや当事者によって運営される施設の重要性を言い当てていると思います。名づけられることによりアイデンティティがもてること、そして同じ名をもつ人たちが多勢いることを知り孤立感から脱却できること、としてまとめることができます。

でも最後の部分の「酒をやめることができなくても、せめてやめている人のそばにいようと思った」は新鮮でした。そうか、こう感じて自助グループにつながっていく人がいるのか、という発見でした。

上岡　ほんとうに、あのときよくそう思えたと思います。解離もひどかったし、喘息もあったし、からだもぼろぼろだった。結局、一年後にアルコールをやめてから喘息がひどくなって入院することになりました。お酒をやめてから、喘息はひどくなる、歯はがたがたになる、十二指腸潰瘍になる、と激しくからだが悪くなりました。薬物をやると、膵臓とか腎臓がやられてすごく大変になります。

　ひどい生活をしていたあとしばらくした時期、いっぺんにからだが悪くなることがあるんです。そのまえは、風邪をひくことができない。からだがあまりにもぼろぼろで、疲労を感じることもできなければ、からだの調子が悪いことさえ気づけないというほどになります。

信田　リストカットをする子たちもそうで、痛みに鈍感になっていくんです。

上岡　さきほどキャンベルさんは、薬物は恥をわからないようにして、醒めたとたんに恥が押し寄せてくると言っていたけれど、アルコールも同じで、たえず申し訳なさでいっぱいなんです。そのためにしらふでいられない。しらふのときは一刻も早く死にたくなってしまう。

　アルコールや薬物をやめてからも、三年くらいは生きたくなかったですね。「とりあえずはみんなのそばにいるけれど、できれば今、死にたい」という状態が三年ほどつづきました。

　最初の施設には十一か月ほどいました。そのあいだに、朝起きて、夜寝て、毎日ミーティングに出ている自分がいることに気づきました。それまでの何年間かは、薬物とお酒にひたって引きこもっていて、男の人がどんどん変わって、怯えながら、恐れながら暮らしていたから。何かできるようになるということが不思議でした。

わたしは、自分にはきれいなものが似合わないと思っていたんです。そのころちょうど花市場で働いていて、きれいなお花を自分がもっていいのか、ケーキなんか食べちゃいけないんじゃないか、イチゴなんか食べたらいけないんじゃないかと思っていた。きれいなものを汚いわたしが食べたり持ったりしていいのか、と。自分が汚《けが》れているという感情には、その後も長いあいだ悩まされました。

でもみんなといたら、日常の中でいっしょにケーキを食べたり、花を見たり、ご飯を食べたり、外に行ってきれいな景色を見たりするんです。ある日、わたしも美しい色に染まってもいいのかもしれないと思えたとき、大泣きしました。薬をやめてから七、八年がたったころでした。

家族ではない関係の中でも生きられる

上岡　施設に入ったと同時に自助グループに行くようになりました。そこは女性だけのグループでした。三か月たつとグループの仕事ができるようになるんです。そのことはわたしにとってとても大切でした。

それまでは、自分はゴミのような人間だ、生きていたって仕方がないと思っている。だけど、仲間のために何かできることがある。会場をセッティングしたり、片づけをしたり、小さいけれどもいろいろなことがある。はじめて来る人と待ち合わせをしてミーティングに行ったりもするでしょう。そういうことができるようになって、自分でも人の役に立てると思ったことは、とても大きかったんです。

そのころわたし自身は、「何がなんだかわからないけど怖いです」という話しかしていませんでした。一年ほど、ずっとそうでした。一年たったときに、友だちから、「何がなんだかわからないって言うけど、それって何?」と聞かれたんです。「ずっとそう言ってるけど」って。それでもわたしは、「何がなんだかわからないけど怖い」と言ったんです。

両親には申し訳ないと思っていて、はじめの三か月くらいは音信不通になっていました。施設のスタッフが、「それはまずいから電話くらいしなさい」と言うので、家に電話をして「仕事をしている」と言ったんです。施設にいるとは言いませんでした。「元気だから」と。

そのころに働きはじめて、少しお給料をもらっていて、ちょうど十一か月目になってボーナスをもらったんです。そのボーナスが、ぎりぎり安いアパートを借りられるだけのお金でした。

アパートを借りることになってはじめて、実はどういうところにいたかということを両親に話しました。そうしたら、電話の向こうで母が泣くんです。「そうじゃないか、そうじゃないかと思っていたけど……」って、そのあとは絶句です。それがつらかった。

それでも母に、アパートを借りるために保証人になってくれるかと聞いたら、「なる」と言うんです。それで、「布団がないでしょう」と布団を送ってくれた。わたしは、「あとは一人でやるからいい」と言ったんです。そのことがわたしにとってはいいことだと思って。

父とも母とも何も関係がないところで、一つずつやっていくことが、わたしにとってはすごく大切だったんです。説明を必要としない仲間に支えられながら、自分の力でやっていく。はじめて自分だけでつくりあげた人間関係が、家族とは別にできる。それでやっと生きられるようになったのかもしれないと思うんです。

やっぱり家族は大切で、今はとても信頼してつきあっているけれど、適切な距離をつくるということが、わたしにとっては必要なことでした。振り返ると、一族に対する恥と罪の意識は消えないものでした。わたしにとっては、四十代なかばまで、女性であって依存症者であるという社会のハンディはきついものでした。

女性が安心できる場をつくりたい

上岡　そのあとで、自助グループにも行くようになりました。アルコール依存者のための女性の施設はあったけれど、そのころ女性の薬物依存者の施設はありませんでした。

わたしが自助グループに行きはじめて六年目に、女性の友だちが毎月一人ずつ、三人亡くなったんです。それで仲間と、「女性が安心していられるところをつくりたいね」ということでダルク女性ハウスをつくりました。

そのころは、ヤクザに追われた女の人が病院に行くと、病院が診察を断っていたような時代でしたから、暴力をふるわれていても、そうは言わずに「転んだ」と言って診察を受ける。

信田　今でもそういう病院はありますね。

上岡　とにかく女性が安心していられる場所をつくりたかったのです。

家族の中の地つづきの葛藤

信田　お母さんとの関係を振り返って、今はどのように感じていますか。

上岡　わたしは三歳くらいから気持ちの悪いくらいのいい子でしたが、母とは大きな葛藤がありました。母自身、家の中ですごく葛藤していた。祖父母と父母、わたし、弟の中ですごく葛藤があって、その葛藤がぜんぶ地つづきなんです。そんな中で、わたしは三歳くらいからしっかりした子どもだったの。

信田　家族が情緒的なコミュニティになっていて、親と情緒を分けもっていた、お母さんの情緒を分けもたなければならないというのが、小さいころからあったんでしょうね。情緒はことばにならないから大変だね。

上岡　弟もわたしも、とにかくことばでは言われていないんです。口に出して「勉強しろ」とか「一流になれ」と言われるほうが、まだわかりやすい。ことばにせずに雰囲気の中で背負わされるのです。

信田　血液の中に入ってくるという感じですね。

上岡　あとになって聞いたら、弟もそうでした。わが家では、頭がいいのは当たり前。

お金を儲けるということではなくて、社会のためにならないといけない。だから、仕事をするというのは、お金ではなくて社会のためでなければならない。
　弟は大学を出てから大手のレコード会社に入ったんです。そこで両親とは離反しましたが、やっぱりそこでは終わらなくて、三十歳で自分を探す旅に出て、エコロジーと出会って、今は環境の活動をしています。
信田　すごくわかりやすいですね。結局は社会的な仕事についた。上岡さんも結果的には社会的なことをしている。この二人の符合はじつにおもしろい。偶然じゃないでしょう。
上岡　そうですね。

名づけること、ストーリーを語ることの大切さ

信田　今日の話でいちばん印象に残ったのは、「名づける」ということです。名前がつかなければなにものにもなれない。どこかで名前をつけられれば、自分に名前をつけることができる。
　さきほどキャンベルさんが、「今は感情に名前がつけられる」と言ったでしょう。

上岡さんにしても、なんだかわからないけど「アル中だった」と。そこからはじまるわけです。

わたしは、わたしのところに来た人の話を聞いて、それをことばで返す。それがわたしの仕事だと思うし、その人の体験をわたしなりにともにかいくぐらないと、名前がつかないということもあります。カウンセリングとは、その体験の意味をともに探し、名前をつけていく協働作業（コラボレーション）のような気がしています。

キャンベル　名前をつけることはほんとうに大切です。それから、次にクレームする（声をあげる）。わたしはこんな目にあったぞ、と声を出してだれかに言う。そのあとで癒されていくのです。

信田　そこでは、そのクレームが肯定されないといけないですね。

キャンベル　そうなんです。社会では、えてして批判はうるさいと思われますし、主張しすぎるときらわれる。だけどそのクレームは肯定されなければならない。

キャンベル　あるときナヤさん[*10]に、「自分で自分のことを名づけてごらん」と言われたんです。「自分はだれ？」とか「自分について書いてごらん」とか。そうすると、自分はいちばん最後にきてしまう。どうしても、自分が抱えている問題とか、人間関係とか、そういうことが先にきてしまうのです。

そのときにナヤさんから、「いちばん最後にあるこれが、あなたなのよ」「こんな問題よりもっと大きい存在があなたなのよ」と指摘されたことがあります。

だから上岡さんが「自分はアルコールも薬もやめられると思わないけど、とにかくやめた人のそばにいたい」というのは、やはりクレームの一つであったと思うんです。やめたくないけど、やめた人のそばにいたい、という気持ちを大切にしなければいけないし、そのことを実行できるようにバックアップしなければいけない。

あとは、自分のストーリーを語ることが大切です。そのストーリーが、人生を変えていく力になり得るんです。

たとえば、わたしも母のストーリーをもっと早くに知っていればここまで苦労することはなかったかもしれない。逆にわたしの娘がわたしのストーリーを知っていれば、こんなにたいへんな思いをすることはなかったのかもしれない。それはいろいろな人にあてはまるのではないかと思います。

ストーリーを語ることによって、二十人のうち十九人は無視するかもしれないけれど、だれか一人がその話を聞いてくれれば、その人の人生に影響を与えることができるかもしれません。

だからわたしは、ストーリーを語ることの大切さを強調したいのです。

暴力の向こうにある意味

キャンベル　恥や罪の意識というものを、上岡さんもわたしもまだもっているかもしれない。でもその体験を語ることによって、それを聞いた人たちが勇気を得たりするのです。ポジティブな力を生みだすことができる。そしてわたしたちも、語ることによって恥や罪の感情にとらわれた奴隷にならずにすむのです。解放されることができるのです。

だから子ども時代を見つめることの意味は大きいのです。もし虐待などのひどい目にあったとすれば、親を責める時期があるかもしれない。でも、ずっと責めつづけるのではなくて、自分がどうしてこうなっているのかを考えられるようになることが重要なのです。自分自身もそれなりの選択をして今に至っているはずなので、その選択のもとである親の存在を考え、今の自分への理解に役立てる。そして、これからはそういう選択をしなくてもいいんだ、自分で責任を負うんだと思えるようになるために、子ども時代を見つめるのです。親を責めつづけるためではありません。

上岡　暴力の向こうにはかならず理由がある。何代にもわたってさかのぼれるようなストーリーがある。だからお母さんが子どもを愛せなかったとしても、「そうなの」と納得してしまうような理由がかならずありますね。

信田　責任を負えるということは、ある種の理由を獲得することによって可能になるんですね。

＊3――**自助（セルフヘルプ）グループ**

同じ問題を抱えた当事者が集まる本人の会。同じような体験をもつ人と、自身の体験や感情、考え方などを分かちあい、グループの中で培われた知恵や情報を共有する。依存症者、障害をもつ人、がん患者など、さまざまな自助グループの実践がある。岡知史によれば、自助グループは「セルフヘルプというもう一つの生き方」であり、「わかちあい」「ひとりだち」「ときはなち」の三つのはたらきがあるとされる（『セルフヘルプグループ』星和書店）。

＊4――**共依存**

依存症により問題を起こしている身近な他者に過度に接近し、本人の責任を肩代わりしようとする、またそのことにより自分が必要とされることに存在意義を見出すこと。問題を起こす本人は、その支え手の介入によって問題を回避しつづけることができ、問題行動を繰り返すことになる。結果として依存症が深まる状況を支え、依存症者に対して支配的状況をつくりだす。

＊5――リタリン

「リタリン」は精神刺激薬であり、一般名は塩酸メチルフェニデート。中枢神経興奮作用があり、その作用により乱用が問題となる。薬理作用からは覚醒剤、アンフェタミン類に分類され、医療用の処方薬剤である。使用により爽快感、多幸感が得られる場合があり、乱用依存の原因にもつながる。乱用すれば覚醒剤乱用と同様の幻覚妄想などの副作用を引き起こすとして安易な処方が社会問題になっている。

＊6――ドメスティック・バイオレンス（DV）

配偶者や恋人など、親密な関係にある人によってふるわれる暴力。殴る、蹴るなどの身体的暴力のみならず、精神的暴力、性的暴力、経済的暴力、子どもを利用した暴力など、多様なかたちで行使される。

＊7――トラウマ（心的外傷）

精神的、身体的に生命の危機的状況に脅かされるような事態に遭遇、目撃することで生じる。あまりにも衝撃的な出来事であるため、意識下に抑圧されて長期にわたり影響を与える。一つの出来事で生じる場合もあれば、いくつかの出来事が重なっている場合もある。それぞれのトラウマは個別性が強く、同じような出来事が同じ心的外傷になるとはかぎらない。

＊8――12ステップ

依存症からの回復をめざす自助グループの精神性を支えるためのステップ。アディクション（嗜癖）に対する無力を認め、過去の自分の生き方を振り返り、自分の理解する神（人知を超えた力）にすべてをゆだねていく。

＊9――解離

空想にふけっていて時間の経過に気づかない、夢中になりすぎてまわりのことに気づかないなどの日常的な現象から、自分自身のことが他人事に感じられる、行動したのに記憶がない、現実味がないなどの重症の現象まであり、すべての解離が病的なわけではない。心身に大きな負担がかかることで、意識、記憶、アイデンティティ、知覚の統合が失われた状態を指す。

*10――ナヤ・アービター

アミティの創始者、現在はアミティ理事。

III——ふるわれた暴力と語られない〈記憶〉

信田さよ子

家族内暴力としての虐待とＤＶ

虐待とドメスティック・バイオレンス（ＤＶ）を理解するための基本的知識をここで確認しておこう。

子どもの虐待には四種類がある。①身体的虐待、②ネグレクト（育児の放棄・怠慢）、③言語的（心理的）虐待、④性的虐待である。

キャンベルさんの語った経験を四つに分類すれば、すべてを網羅していることがわかる。殴《なぐ》られ、蹴《け》られ、そして捨てられ、罵倒《ばとう》されている。しかしそれぞれの虐待が単体として行使されるわけではなく、多くは渾然《こんぜん》として家族の中で、父からそして母からも行使されていることがわかる。

虐待を論じるのはさまざまな立場から可能である。マスコミでもいまや虐待は子どものトラウマとなって、のちの人生に影響する、という文脈が共有されているようだ。「だから虐待されたかわいそうな子どものこころの傷を癒さなければならない」という地点にそれは帰着しがちである。もちろん近年、トラウマやPTSD（心的外傷後ストレス障害）については、精神医学的、文化人類学的研究が進んでいることは事実である。*11

一方DVの種類については、身体的暴力のみならず、暴言、無視、経済的封鎖、脅《おど》し、などに加えて性的暴力が挙げられている。このように、二十世紀末から二十一世紀の初頭にかけて、わが国でも家族内暴力が俎上《そじょう》に載るようになった。じつに喜ばしいことである。「家族は安心、安全」という自明性が崩壊しつつあることを受けて、わたしたち援助者も、従来の態度を根拠づけていた基本的家族観を大きく変更せざるを得ないだろう。子どものこころの傷を癒す、といった美辞麗句だけでお茶を濁すような虐待対策はほとんど役に立たない、とわたしは思う。

家族内暴力と国家の暴力

暴力は犯罪である。この明快な判断を示されて、異論を唱える人は少ないだろう。いささか教条主義的な表現と思われるかもしれないが、そんな定型句を錦の御旗にしなければ守られない人たちがいることを忘れてはならない。

市民社会において、他者を殴れば犯罪である。暴力そのものが市民社会では禁止されており、暴力から守られることは基本的人権でもある。法律は殴られる側に立っているからこそ、殴られる側は被害者と呼ばれ、加害者（殴る側）は犯罪者となる。

ところがその判断はつい最近まで家族には及ばなかった。親が子どもに、夫が妻に、たたく、蹴るといった行為を行使しても、それは暴力とは呼ばれなかった。暴力が行使されていなかったのでなく、その行為が正当化され、別の名前が与えられ、暴力とは呼ばれていなかっただけのことなのだ。

「俺の女房を殴ってなにが悪い」と開き直る夫を支えている信念に立脚すれば、それは暴力ではない。高名な作家、評論家、それも世界平和を唱え、社会変革のために積極的な行動をしている人たちが、なぜあれほどまでに妻を殴るのだろうか。

しかし彼らにとってそれは謎ではないだろう。当たり前のことなのだから。自明な行為に対し人は無自覚である。だから殴る彼らは、いくら妻の顔がはれあがってもそれを暴力と名づけないのだ。

名づけないこと、名づけるのを禁じることはそれだけで一つの力の行使である。殴られている妻は、夫がそれを名づけず、まるでごはんを食べてトイレで排泄をするような一連の日常些事として流されてしまうことで、力を行使されるのである。「これはなんでもないことなのだ、名づけるほどの意味のあることではないのだ、どこにでもある当たり前のことなのだ」と、みずからの痛みやあざなどの経験を整理するようにと強制されるのだ。

名づけることは定義づけることである。定義づけることがいかに政治的であるか、いかに力関係に左右されるかは、ここ一、二年の国際政治を見てみれば一目瞭然《いちもくりょうぜん》である。イラクの問題、北朝鮮と拉致《らち》被害者の問題、どれをとっても、さまざまな定義が可能である。かつてのように、革新、保守といった二極対立的定義はほとんど有効性を失った。定義する人の立場によって、定義内容、名づけが変わってくるということが今ほど明らかになった時代はないと思う。家族で起きている出来事への定義づけと、国際政治のそれとを連動させると似たようなしくみが見えてくる。

従来の社会運動、政治運動の担い手たちは国家の暴力に対しては敏感であり、声高に反対してきた。ところが家族内での行動に対しては、その人たち（主として男性）は暴力とすら呼ばなかったのである。国と私の中間である市民社会において「暴力は犯罪である」のに、国家の暴力と私的領域（家族）の暴力は、その人がどのような立場に立つかによって暴力と定義されたりされなかったりすることがわかる。

言い換えれば、国家、家族において暴力は存在したりしなかったりするのだ。この点についてはリンダ・カーバーというアメリカ史の研究家が「憲法は女らしさを保証するか」（Kerber, 1998）という著書[*12]で詳しく述べている。

状況の定義権

ここでミシェル・フーコーの次のようなことばを参照しよう。

権力とは、一つの制度でもなく、一つの構造でもない、ある種の人々が持っているある種の力でもない、それは特定の社会において、錯綜した戦略的状況に与えられる名称なのである。

（『性の歴史Ⅰ　知への意志』渡辺守章訳、新潮社、一九八六年）

これを家族に当てはめてみよう。殴って力で押さえつけることだけが権力なのではない。先に述べたように、暴力と名づけることを禁じ、当たり前のこと、正しいこと、自明のこととして暗黙の定義を強要することも権力である。

「どうしてあなたは奥さんをあんなに殴るんですか」と問われれば、夫はそれを「愛情」「しつけ」などと定義するにちがいない。ときには「妻のためなんです、これが」と主張する人もいる。

このようにある状況を名づけること、ときには名づけを禁ずること、そしてそれ以外の定義を許さないこと、これこそが権力である。つまり権力とは「状況の定義権」のことである。

しばしば、家族において状況の定義権は最終的には家長である男性に帰属する。家父長制ということばに抵抗を覚える人も多いだろうが、目に見える暴力はなくても、たとえば食卓を突然ひっくり返したり、「それは許さん！」「うるさい！」と怒鳴る夫（父）の姿は家父長制そのものである。どれほどそれが家族の他の成員に緊張と恐怖をもたらすか、その積み重ねが家族関係にどれほど深い影響を与えるかについて、驚くほどその人たちは無自覚である。すべてが許されるという信じられない確信に満ちているからだ。

権力はそれを行使する対象を必要とし、その対象を支配する。権力、支配ということばを私的領域である家族に用いることに抵抗を覚える人も少なくないだろう。

しかしキャンベルさんが原家族において親から受けたさまざまな虐待、性的暴力、成長してからも、多くの男性から陵辱《りょうじょく》されつづけたという経験を読まれた方は、権力行使と呼ぶことになんのためらいももたれないだろう。少なくともわたしはそうだ。

男と女の関係性、家族を形成したとたんに発生する権力、男というジェンダーに抜きがたく刻印された「男らしさ＝暴力」という視点を抜きに、彼女の被害を語ることはできない。もしも彼女の経験を〝ある悲惨な一女性の半生〟といったきわめて個人的な文脈で片づけてしまうのであれば、キャンベルさんに対してじつに失礼であるとさえ思う。

エンパワメントとは

ＤＶ関連の本をお読みになった方は、被害者をエンパワーしなければならない、と書かれているのを目にされるだろう。納得できないことばは使わない、というわたしのこだわりからすれば、エンパワーとはどこか曖昧《あいまい》で定型的に思える。そのことばさえ使っていれば仲間だよ、といった符牒《ふちょう》に思えるのだ。権力とは状況の定義権である、という視点からすれば、状況の再定義こそが権力を行使されている側、つまり被害者に必要なのである。

夫が強制する性行為を拒んだとき、「妻として俺とのセックスを受けいれられないなんて、女じゃない」と言われつづけてきた女性がいた。彼はじつにわかりやすい状況の定義権を行使しつづけたといえる。そして妻である彼女は「女じゃない」という定義をそのまま内面化させ、「だから夫の要求にしたがわなければ」とみずからをコントロールしてきた。その結果、夫のにおいに耐えられず、肌着、食器にまで触れられなくなり、無理をすると吐き気をもよおすようになってしまった。

カウンセリングにやってきた彼女に対して「夫からのセックスの強要は性的暴力であり、DVの一つです」とカウンセラーが伝え、つまり再定義することで、「世界がひっくりかえった」と彼女は語った。

「拒否する自分が悪いわけではないし、女でないわけでもない」と保障される再定義によって、彼女は新たな地平に立つことができたのだ。権力に対抗できるこのような「状況の再定義」こそがエンパワメントと言われるものだろう。とすれば暴力と名づけるのも、夫からの定義を再定義することであり、すぐれてエンパワメントの一つである。

DV、虐待、被害者、加害者ということばを用いることそのものが、それまで当たり前だった状況の定義を再定義することである。エンパワメントとは相手を力づけることと理解されがちだが、じつはことばの使用からすでにそれがはじまっているのだ。わたしたちはこのようにことばを自覚的に用いなければならない。

最後まで謎である人たち

わたしのカウンセリング歴を振り返れば、ゆうに三十年を超える。依存症からはじまり、さまざまな家族の問題に向きあってきた。借金、ギャンブル、買い物、暴力、摂食障害、引きこもり、不登校、万引き、リストカット……。さまざまな問題の多くは家族、それも母親、妻が相談に足を運ぶことからはじまる。家族関係のコーディネーター、下支えが女性に期待される役割であることは一向に変わってはいない。

しかし決してわたしの前に現れない人がいる。人は困らなければカウンセリングなどにわざわざお金まで払ってまで行こうと思わない。困っていない人はやってこないのだ。

たとえば暴力を見てみよう。ふるわれる側（被害者）は日々困るのでカウンセリングにやってくるが、ふるう側（加害者）は現れない。おそらく困っていないからだろう。殴るほうは困らず殴られるほうが困る、という図式は、どこか原爆を落としたアメリカは困らず、原爆を落とされた日本が困った、と似ている。

目の前に座っている人の背後に、決してこの場に登場することはないだろうもう一人の存在を想像するとき、わたしは理不尽さとカウンセラーとしての無力さを深く感じさせられる。ときには前歯を折られてマスクをしている女性を見ながら、なぜ当の夫がやってこないのかと切歯扼腕《せっしやくわん》の思いに襲われる。しかしこの一、二年で状況が少し変化した。ＤＶの加害者は、妻が逃げれば、ときにはしぶしぶカウンセリングにやってくるようになったのだ。だから彼らはわたしから見ていまや謎の人ではなくなった。

ところが最後まで謎のままである人たち、茫漠《ぼうばく》としてわけがわからない人たちがいる。それが近親者に性的暴力をふるう人たち、性的虐待の行使者である。

性的被害についていくつかの類型に分けてみよう。

一、見ず知らずの男性から

小学校低学年や幼稚園児に多い。公園で遊んだ帰り道、学校の帰り道、ときには塾からの帰途に被害にあっている。多くはたった一人でいるときである。ときには選ばれて一人だけ連れていかれる場合もある。突然やさしそうな声で寄ってこられ、性器を触るように命じられる、また下着を脱がされ性器を触られる、ときには下腹部の写真を撮られるといった行為である。もちろん性器接触、レイプなどもこれに含まれる。これらは「痴漢」もしくは「性的犯罪」と呼ばれるべきであり、「いたずら」という呼称は果してだれを守っているのかと思う。

二、近親者、または顔見知りの男性から

同居しているおじ、または年に数回しか会わないいとこなどから、入浴中にからだを触られる。かなりの頻度で聞くのが、家業の従業員の男性からのものである。住みこみの店員からお風呂に入れてもらっているときに性器を触られるのだ。多くは加害者が相手は「何もわからないだろう」と考えている年齢に起きている。被害の年齢は小学校低学年までに集中している。

三、いじめの延長として

これは小学校高学年以降に多い。何人かの男子からトイレや人気《ひとけ》のないところに連れこまれ、性行為ではないものの、下半身を露出させられ集団で触られたり、逆に性器にさわることを強制させられたりする。また女生徒から集団リンチとして受けたりする。

四、家族からの性的虐待

性的虐待の程度は三つに分けられる。

軽度の性的虐待

これは視線、ことばなどによるものである。たとえば風呂上りの娘の胸のあたりをじっと見る父親の視線、「おまえこのごろ色気づいたんじゃないか」という父親のことば、などである。アダルトビデオを子どもの前で平気で見ることも含まれる。

中等度の性的虐待

父（兄）が廊下で通りすがりに胸やお尻に触れる。勉強をしている娘の背後からおおいかぶさって胸に触りながら勉強を見てやる。このように性器以外の身体接触をしたり、裸を見ることなどである。また風呂場をなにげなく、まちがえたふりをしてのぞく。自分の性器を風呂上りにわざと見せる。隣室に眠っている兄がふすまを開けて入りこみ、布団の上にのしかかるといった例も多い。

重度の性的虐待

性器に触ったり、自慰《じい》行為を手伝わせたりする。ときには性交渉をもつ。これを近《きん》親姦《しんかん》という。性的虐待を近親姦だけに限定するのは誤りである。それは重篤ではあるが全体のごく一部にしかすぎない。

また加害者は、父親、兄、祖父、おじ、いとこなどであり、まれに母からの虐待も見られる。

かつて近親姦といえば、母親が思春期の息子の布団に入る、というお定まりのストーリーが展開された。近年、性的虐待について少しずつ明らかになるにつれ、これはフィクションであり、多くはマスコミによって捏造《ねつぞう》されていたことがはっきりした。加害者の圧倒的多数は男性なのだ。

答えてほしい問い

ここまでを書いてきて、思わずため息が出る。そしてふつふつとわたしの中からいくつもの問いが湧き上がってくる。少女がこのような種々の性的欲望にさらされながら育たなければならないということを、どうとらえたらいいのだろうか。それは少女に隙があるからなのだろうか。少女が誘惑しているのだろうか。女という性に生まれた以上、それを甘受しなければならないのだろうか。

では、状況の再定義ということばにしたがって、主語を逆にして問いを立ててみよう。

なぜ男性は無抵抗な少女（ときには少年）を性的対象とするのだろうか。どのような少女を選んでいるのだろうか。どのようなタイミングで少女を性的虐待の場に誘導しているのだろうか。

さらに問いはつづく。

なぜ、自分の娘を性的欲望の対象とするのだろうか。どの父親もそのような欲望をもっているのだろうか。欲望を抱いていながら、そのような行為を抑制させるものは何だろうか。

欲望を抱いている人がそれを実行する引き金は何だろう。娘のからだに触れながら、いったいそのとき何を感じ、何を考えているのだろうか。行為が終わったあと、罪悪感があるのだろうか。それとも満足感があるのだろうか。

娘（妹）が成長してから、そのような行為をしたことを覚えているのだろうか。すっかり忘れているのだろうか。相手（娘、妹）もそれを覚えていると思っているのだろうか。すっかり忘れてくれたと思っているのだろうか。その行為が相手に深い影響を与えているという想像力はどれほどはたらいているのだろう。

彼らはみずからの行為を性的虐待と自覚しているのだろうか（まさかこれはないだろう）。でなければいったいどう定義しているのだろうか。

こう書いてくるとつくづくいやになる。おそらくだれも答えるはずのない問いだからだ。被害者ですらいまだ堂々とカムアウトできない日本において、加害の当事者がみずから答えるはずがないだろう。

本筋からはなれるようだが、「痴漢の常習者や性的犯罪者のカウンセリングをしています」と伝えたとき、精神科医などの男性援助者がどのような反応を示すのかがじつに興味深い。あからさまに嫌悪を顔に出し、「動物以下だ！」と断罪する人と、どこか居心地悪そうに触れたくないという反応をする人の二種類ある。性的虐待というカテゴリーは男性にとって触れたくない、触れられたくないものとしてあたかも中空に浮かんでいるかのような印象を受ける。

性的虐待は臨床現場でも、いまだに「よくあること」として受けとめられてはいない。マスコミでは、あたかもタブーであるかのような扱いを受けている。

先日も男児の性器を傷つけた母親の虐待行為が新聞に掲載されたが、その母が自分の父から性的虐待を受けていたことは一部の新聞以外では伏せられていた。[*13] 数年前、自分の娘の飲み物に毒物を混入させて殺そうとした女性看護師の事件が起きたが、彼女も父親からの性的虐待を受けていた。その父は母に対してひどいDVをふるっていた。

いずれの事件もマスコミでの扱いは性的虐待については秘匿《ひとく》されるか、言外ににおわすだけの扱いであった。まるで「シークレット・トラウマ」ならぬ「シークレット・ニュース」であるかのように。

多くのマスコミの論調が男性中心の価値観と抵触しないように組み立てられていることは巧妙に見えなくさせられている。あたかもリトマス試験紙であるかのような性的虐待は、過去も、そして現在でも秘匿されたままなのである。

この十年間で十倍と増加した子ども虐待の通報数だが、性的虐待もその中の一つであることなど、すっかり忘れられているかのようだ。それが家族の中できわめて広範に起きているという認知を社会が共有する地点は、はるかに遠い。

性的虐待が現実に家族の中で今、この瞬間にも起きているという現実を受け入れられないのはいったいだれだろう。それは決して被害を受けている側の性である女性ではなく、虐待加害者と同じ性である男性そのものではないのだろうか。では、いったい彼らは何を恐れているのだろうか。

性的虐待の記憶

性的暴力について語ることは、このようにわが国において独特の扱いを受けてきた。たとえば、マスコミにおいては被害状況を詳しく述べない、ときには名前も秘匿する、といった具合である。「いたずら」というまことに奇奇怪怪な表現だけが性的犯罪をにおわせる代名詞になっている。

本書におけるわたしの主張は、カウンセリングにおける性的虐待の被害女性との多くの出会いをもとにしている。その多くはアダルト・チルドレン[*14]（ＡＣ）と自覚してカウンセリングに訪れた人たちだ。わたしが担当している三十五歳以上の女性だけのＡＣグループ参加者の約三分の一が、性的被害の経験をもっている。もちろん加害者は近親者だけでなく、見知らぬ男性も含んでいる。

性的虐待の語られ方は、現前する、もしくは直近の経験として扱われるのはごく一部である。たとえばレイプ被害のような語られ方ではない。それらの多くは、記憶を根拠として語られるのだ。記憶に基づくとは、事後的であり、遡及《そきゅう》的であるということだ。つまり現在から記憶をさかのぼり、その経験がいったい何であったかを再構築するのである。

キャンベルさんは「おじさんから受けていた性的虐待のことは思い出さなかったんです。三十日間独房に入れられて精神的におかしくなっていた話も、何年もたってから思い出したことです」と語っている。

思い出せないとは、存在しなかったことと同義である。もしくは不気味な空白の意識である。では、それを思い出すとはいかなることなのだろう。なかったことが出現する、空白が埋まるとは、どのような影響を本人に与えるのだろうか。

カウンセリングにおいて、キャンベルさんのような想起、フラッシュバック(記憶がよみがえること)に出会う場面は多い。出産の際に突然兄からの性的虐待を思い出したり、グループで他のメンバーの話を聞きながら思い出したりするのは、ごく当たり前に起きることである。では、なぜそのときにフラッシュバックが起きるのだろうか。

ある人はカウンセラーの誘導だと批判するだろう。ある人はありもしないまちがった記憶をつくりだして、現在の自分の症状の説明として用いるのだ、と言うだろう。

少なくともわたしのカウンセリングにおいて誘導はあり得ない。なぜならフラッシュバックなど起きないほうが、カウンセラーにとっては安全であるからだ。それどころかクライエントにとってもそうなのだ。

しかし、「起きてしまう」のだ。その表現がいちばん正確に思える。何かの拍子に、刺激と受容体が不思議な一致を見るように、記憶がよみがえるのだ。そしてわたしは当然、それを過誤でなく、捏造でもなく、あったこととして信じる。

しかしそれはなんと苦痛に満ちた出来事なのだろう。多くの女性たちはフラッシュバックした記憶をどう抱えていいかわからず、のたうちまわるような苦しみを味わうことになる。それを目の当たりにするたびに、ありもしない記憶を呼び起こす、といった批判はまったく当たっていないという確信を深める。なぜなら、その人たちは起きないほうが安全だった記憶を呼び覚まされて、これほどまでに苦しんでいるのだから。その人たちはなぜ苦悩の淵へと追いやられるのだろうか。ときには混乱のあまり自殺を図ったりする人もいるほどだ。

わたしたちは記憶の総体として生きている。現在の自分を生きやすくするために数々の記憶の切片をつなぎあわせ、選択的に構築されたものが現在のわたしである。そこにフラッシュバックした新たな記憶の切片が加わるとどんなことが起こるだろう。「父がいつも夜中に布団の中に入ってきてわたしの性器をさすっていました」という想起は、整合性を保っていたそれまでの記憶の束と不協和音を生じるだろう。不協和音とは、記憶の総体である自分の整合性・統合が失われ、ばらばらになってしまうということである。しかしいったん想起されたものをふたたび忘却の世界に封じこめることはできない。どれだけ苦しくても、その記憶を再統合していくしかないのだ。それは自分を再構築することでもある。想像を絶するほどの作業は、とうてい一人ではなし得ないプロセスをたどるだろう。

ではなぜその切片は放置されていたのだろう。おそらく、それがいったい何なのか、名づけることができなかったからだ。名前のない経験ほど恐怖に満ちたものはない。しかもその恐怖を与えている人が、あらゆる恐怖から自分を守ってくれるはずの父親だったとしたらどうだろう。今、感じている恐怖そのものが過誤の感覚にほかならなくなるだろう。

なぜなら父親はだれより娘を大切に思っている存在と定義されており、その父が自分を毎晩触っていて、凍りつくほどそれに怯《おび》えていることは状況の定義を脅《おびや》かすからだ。だから、まちがっているのは子どもである自分の感覚なのだ。そして過誤の感覚、あってはならない感覚は、記憶から抹消されなければならない。父親は子どもを保護する存在という状況の定義にしたがわなければ子どもは生きられない。家族をはなれて子どもは生きられないからだ。みずからの生存のためにすすんでその感覚、経験を記憶から抹消して生きる。そのようにして生きのびるのだ。

「なぜこんなつらいことを思い出してしまうのでしょう」と問われることがある。そのときわたしはこう答える。

「思い出してもいいときがやってきたから、思い出したんですね。ちゃんとその経験に名前をつけて、あなたのこれまでの物語の中にどう位置づけるかをいっしょに考えていきましょう」と。

グループカウンセリングであれば、メンバーの女性たちが「わたしも同じ経験をした」と支えてくれるだろう。おそらく、記憶が立ち上がったときそれを決して否定しない人たちとの関係、つながりが確認されたとき、はじめてそれは「起きる」のではないだろうか。誘導によるものでなく、偶然でもなく、どこか安全弁が作動しているのを察知するかのように想起される、とわたしは想像している。

キャンベルさんのように、少しだけ先を歩んでいる仲間の支えがあって、はじめて一つずつ自分の感情に名前がつけられる。状況の定義から外れるために、過誤として封殺されてきた感情や経験に名前を新たにつけること、そのような作業をひとつずつ積み重ねることで、記憶の総体はそれまでの束とは異なる更新された総体、つまり新たな自分へと変貌《へんぼう》していくだろう。

脱被害はいかにして可能か

さて、キャンベルさんは被害者と名づけられるべきだろうか。

もちろん壮絶な体験を読まれた方は、彼女を数々の虐待やＤＶの被害者だと定義することに異論はないだろう。しかし多くの記憶を想起し、それに伴う激しく名づけようもない感情を一つずつ名づけていく作業をつづけてきた彼女は、すでに被害者ではないだろう。

暴力、ＤＶ、虐待、被害者、加害者などの本書で当たり前に使用されていることばは、状況の再定義のための、つまりエンパワメントのことばであるとすでに述べた。このなかでもっとも頻繁に使われるようになったことばが「被害者」であり、まるで独り歩きをはじめたかのようだ。たとえば〝被害者支援〟〝被害者の会〟のように。しかし、加害者あっての被害者ではないだろうか。加害なき被害など存在しないからだ。被害者ということばは、加害者の存在を際立たせるためにこそ生まれたのではないだろうか。

ここで被害者と名づけることに、どんな意味があるのかを確認してみよう。

まず状況の再定義としての意味である。悪いのは自分であり、感覚が過誤であると信じるしかなかった世界を再定義して新たな世界へと転換させる意味である。なぜなら被害者である自分は悪くないのであり、責任もないからだ。責任がないことを認めることは、どうしようもなかったと思うことにつながる。いったん「ぜーんぶ、しかたなかったんだ」とまるごと包含し過去を認めきるために、自分を被害者と定義することは必須である。しばしば「たっぷり被害者をやることね」とわたしはクライエントに伝えるほどだ。

ところが一部には被害者＝敗北者と考える人がいる。そこに漂う負けのイメージを嫌悪するからだ。この人たちは被害者にもなれず、負けを認めたくないという一心で人生をひたすら歩みつづけることになるだろう。たとえば父から殴られて育った男性は、しばしば父を嫌悪しつつも自分は虐待の被害者などではないと強固に主張する。そしてみずからの被害を認めない人はときとして無自覚に暴力をふるうに至るのだ。アミティの例を見るまでもなく、しかしキャンベルさんも同じだったのではないだろうか。

キャンベルさんは現実の暴力、そして暴力の記憶に支配され、殺人未遂を犯した。唯一パワーを奪還できるのは、加害者となって他者を支配すること、暴力をふるうことであった、と明快に彼女は述べている。おそらくその時点で彼女に被害者としての自覚はなかったのだろう。

アミティは、もともと加害者としての犯罪者、もしくは依存症である人たちの集まりである。わたしが新聞の片隅ではじめてアミティを知ったとき、「加害者における被害者性の承認」ということばが浮かんだ。どのような加害者もかつては被害者だったという視点は、わたしの思考と共鳴するものだった。

二つ目の意味は、被害者でありつづけることをやめるためである。逆説的であるが、「被害者をたっぷりやる」ことは、被害者を脱するためにこそ必要な段階なのだ。

被害者に責任はないというフレーズは、アダルト・チルドレンと共通している。つまり今の苦しみに自分は責任がないという免責性を強調している点だ。被害者ということばは、このように責任がない、悪くない、正義である、正しいのは自分だ、だから主張は認められるべき、といった過程を経て、いつのまにかとほうもない権力をさえ帯びはじめるのだ。

それを「被害者権力」とわたしは呼んでいる。わたしはこの権力を嫌悪している。ときにはそのことに悲しみすら覚える。被害者であることの権力性は、絶対的正義の衣《ころも》をまとっており、そこに甘んじていることの安易さは、ときとしてさらなる弱者への支配に連なっていく。ＤＶの被害者である母が子どもを支配する、アルコール依存症者の妻たちの行使する独特の支配（共依存）はわかりやすいその実例である。

三つ目は、繰り返しになるが、加害者がきちんと存在していることを意識し、加害者に対してみずからの行為に責任をとるよう告発しつづけるという点である。それはいかにして可能なのだろう。

ふたたびキャンベルさんを例にとろう。刑務所を出てからアミティにつながるまで、そしてアミティで大きく変化していく彼女の姿は、そのまま被害者から脱被害者へのプロセスとしてとらえられるだろう。長く、そして苦しい彼女の物語がわたしたちに感動を与えてくれるのは、そのプロセスをつぶさに知ることができるからだ。養父が性的虐待を行使したこと、レイプした多くの男たちがいたことをキャンベルさんは意識し、はっきり「加害者」と名づけた。そして湧き上る感情に「怒り」と名づけた。しかし彼女は彼らを殺そうとしなかったし、復しゅうをしようとも思わなかった。

脱被害者とは何だろう。それは加害者を超えることである。超えるとは社会的地位や力によってではない。加害者を支えるからくりを知ることによってである。からくり人形を解体すれば、ぜんまいと歯車の組み合わせにすぎない。

加害者を支えるからくりの解体は、アミティにおいては自分の経験をつぶさに洗い出すことによって可能になる。なぜなら自分もかつて加害者だったからだ。見事なまでに加害・被害の重層性が明らかになること、これがアミティのすばらしいところだ。そこには絶対的加害者も絶対的被害者もいない。だれもが被害者であり加害者である。繰り返すが、加害者を乗り超えるとは、そのからくりを知ることである。からくりを知ったとき、すでに加害者・被害者というパラダイムは変換されている。そして被害者は脱被害者となる。

ではキャンベルさんを何と呼んだらいいのだろう。「サバイバー」ということばは、すでにどこか手垢《てあか》にまみれた感がぬぐえないが、やはりこの表現しかないだろう。

被害者であることを深く認識し、その自己定義をかいくぐった末に、加害者としての自分を自覚し、そして加害者である男たちを超えること。このようにして彼女やアミティの仲間たちは脱被害者、サバイバーとして生きるのである。現実の共同体において何段階にもわたるプロセスを実践しつづけているアミティの存在は、今後の日本でも暴力問題がさらに表面化していくことが予想される今、一つの可能性を提示しているように思われる。

性的虐待の秘匿や、DVと虐待政策の別立てに見られるような縦割り行政による分断された家族内暴力への施策を目にするとき、アミティの活動は身近なモデルとしてわれわれに希望とヒントを与えてくれるだろう。

＊11――『サイコロジカル・トラウマ』ベッセル・A・ヴァンダーコーク編著、飛鳥井望・前田正治・元村直靖監訳（金剛出版、二〇〇四年）
『PTSDの医療人類学』アラン・ヤング著、中井久夫・大月康義・下地明友・辰野剛・内藤あかね共訳（みすず書房、二〇〇一年）

＊12――No Constitutional Right to Be Ladies : Women and the Obligations of Citizenship. Hill & Wang, New York, 1998.

＊13――例外は『新潮45』（二〇〇四年七月号）に掲載されたルポルタージュ、中村うさぎ「『実子局部切断』母親の家庭事情」（女という病・7）である。

＊14――Adult Children of Alcoholics の略。一九八〇年代初頭にアメリカのアルコール依存症の現場で生まれたことばである。日本には一九八〇年代末に伝わった。「現在の自分の生きづらさが親との関係に起因すると認めた人」と定義される。

IV——暴力から遠ざかる力

〈対談〉信田さよ子×上岡陽江

暴力は依存症の症状ではない

信田　佐世保で少女が同級生を殺した事件がありました。キャンベルさんとの鼎談の中でも、暴力をふるうということは、力を奪われた人たちが、もう一度自分のパワーを奪い返して確認する行為だと話されましたね。あの鼎談は佐世保で事件が起こる前でしたが、キャンベルさんはご自分の体験をふまえて、女の子だって暴力ふるうよ、とおっしゃった。どこか今の日本を予言していたようなことばでした。

ではまず、なぜ人は暴力をふるうのかということを考えてみたいと思います。

上岡さんは、女性の薬物依存者の中に、暴力的な経験、そして性虐待の被害者が多いということを見てきて、そのような暴力の経験についてどのように考えていますか。

上岡　わたしが「ダルク女性ハウス」［57ページ参照］を運営してきた十四年のあいだに、アルコールや薬物の依存症、摂食障害の女性たち、また家族や友人、周囲の人など、たくさんの女性たちと出会ってきました。そのなかで以前は、依存症の人は、さまざまなものに依存するバランスの悪い人間だと考えられてきました。自分の体験でも、「依存症という病気の話」として話すことが多かったのです。ところが、女性の依存症者の話を聞いてきて、わたし自身も自助グループのメンバーとして参加しながら二十一年たった今、依存症の話はどこかで暴力に結びついてしまう、暴力の話になってしまうということに気づいたのです。

だれかが暴力の経験を話しはじめると、その場にいる人の中から暴力の話がぼろぼろ出てくる。父親に殴《なぐ》られていたとか、寝ていたら近所のおじさんも隣に寝ていたとか、お兄さんやおじさんに触られたということは、自分が悪いんだと思って、当人は話さないでいるわけです。でもだれかが口火を切れば、そんな話ばかりたくさん出てくる。なんでこんなひどい話ばかりなんだ、と悩んだこともありました。

十四年前にダルク女性ハウスを開いたとき、わたしはすごくセクシュアリティにこだわっていました。世間ではちょうど援助交際が増えたころです。援助交際をしている本人から話を聞く機会が多くなると同時に、性的虐待の話も耳にするようになりました。わたし自身、その話を聞いて胸が痛んだし、どうしていいのか、どう考えていいのかわからないような状態でした。当時は、そのことをどこに位置づけていいかわからなかったのです。

ここにきて、DV（ドメスティック・バイオレンス）も虐待も依存症も、暴力なくして語れないというふうになってしまいました。

信田　わたしが受ける講演依頼のテーマは、最初のころは依存症について、つぎがAC（アダルト・チルドレン）について、つまり親からの被害経験をもっている人たちですね。最近はDVも増えてきました。

一九八〇年代からアルコール依存症の家族にかかわっていましたが、わたしも最初は、やはり暴力は依存症の症状だと思っていたんです。つまり酒をやめれば暴力も止まる、と。ところが、そのことがとんでもない誤りだとわかりました。彼らは酒をやめても殴る、あるいは酒をやめてから殴るようになる人もいる。「依存症」という病名の中に、あるいは医療モデルの中に、暴力を閉じこめていたということがわかって、病気という枠をやぶって依存症を感じられるようになってきたのです。

上岡　以前は、わたしも当事者として、依存症はよくなるという希望の話をしていたんです。わたしが本人だから。けれど、希望の話ばかりを話せなくなってしまった。

つまりは暴力の問題なのです。

このあいだ夜間高校で話をしました。そこは非行の子といじめや引きこもりの子が混在している学校でしたが、結局、彼らは同じ被害者です。社会、学校に対して怒りをぶつける子どもと、力を奪われてしまってコミュニケーションがとれなくなっている子が引きこもるという。そこで、被害者は自分が生きていくために加害者になるんだという話をしたのです。

信田　このあいだ新宿区でマレーシア人のお母さんをもつ女の子が、お母さんからの虐待を恐れて、五歳の男の子を突き落とすという事件がありましたね。

わたしはめったに泣かないんだけれど、あの事件は涙が出そうになった。あの事件にすべてが集約されているような気がして……。

加害者の女の子は、マレーシア人のお母さんと日本人のお父さんのあいだに生まれて、日本語もできずにいじめにあって、学校からも問題視されて児童相談所に行き、一方の五歳の男の子はお母さんがパチンコにはまっていて、二人ともゲームセンターにしか友だちがいない、すごい状況です。女の子は男の子とのやりとりの中で、お母さんに言いつけられたとき、自分が受けるであろう虐待を恐れて男の子を突き落としてしまう。

あの事件が意味するものは、ＤＶあり、虐待あり、人種差別あり、貧富の差があって、おまけにアジアから来た人がたくさん住む新大久保という地で、ゲームセンターしか居場所がなかったという子どもの悲惨な現実を映しています。

わたしは、あの少女と引きこもりの子が相似形に見えるんです。かたや貧困層で攻撃的で、かたや引きこもって世間から遠ざかっているわけですが、ともにパワーを奪われている。

ではこの少女にどのような責任があるのか、なぜ精神鑑定なんだ？　と思うんです。さまざまな力関係の中で穏当な処遇のためになされた判断ととらえられなくもないのだけれど。十年前のジャーナリズムだったら、もう少し背景、つまり親や家族を見たかもしれない。でもなぜか今はすべて子どもの問題にされてしまう。このような動きはいかがなものかと思います。

暴力の向こう側

上岡　わたしはずっと本人たち、当事者たちとつきあってきました。以前は子どものいない仲間も多かった。しかし最近では、ＤＶや薬物依存、アルコール依存、摂食障害など、その人たちが母親であるとき、彼女たちの向こう側には、かならず子どもがいる。もちろん母親である本人が幸せにならなければ子どもも幸せになれないんだけれど、かかわりはじめた最初のころは、母親の向こうの子どものことを想像することができませんでした。しかし、依存症を抱えながら子どもを産んだり、育てたりする母親が増えてきて、母子で孤立し、母親は混乱するし、子どもはそれに巻きこまれていく。その厳しさに目を向けざるを得ませんでした。

そこで母親が自助グループにつながると、やはり母親が落ちつくとともに子どもも落ちついてくる。次に何が起こるかといえば、ずっと緊張して我慢してきた子どもに、問題が出てきたりする。はたから見れば、急に悪いことをするようになったと見えるかもしれませんが、それはその子の緊張のゆるみであったり、感情の表出であったりするのです。そのことが見えないと、母がよくなれば子どもが悪くなり、子がよくなれば母が悪くなるということにのみこまれていってしまいます。

今、ダルク女性ハウスでは、母親と子どもをいっしょに見るようになりました。ただ、子どもたちは頭がいいから、治療と思ってかかわれば、治療として返してくるのです。

信田　そうなんです。その部分を知っている日本の専門家は少ない。子どもは治療者を読んでちゃんと反応するんですね。

上岡 厳しい状況を生きぬいてきたわけだから、自分に何が望まれているのかということが子どもにとっては見え見えです。自分とどのようにつきあおうとしているのか、お母さんをサポートしてくれるのか、ということにすごく敏感。現実は厳しいわけだから、子どもたちに希望の話だけを語ってもリアルじゃない。

信田 希望はリアリティがなければ希望にはなりません。希望と現実、その二本立てで意味があると思います。

わたしはもともとアルコール依存症の男性とかかわっていて、やはり酒をやめることが希望だと思っていたけれど、あるとき、彼らの隣にいる妻の話を聞いたときに、わたしは現実の半分、いや三分の一しか見ていなかった、と愕然《がくぜん》としました。

妻たちは夫のいないところで、「わたしがどれだけ耐えてきたか」と言うわけです。彼女たちは夫からの暴力、暴言にずっと傷ついてきました。夫が酒をやめたから、それがきれいに解消されるわけではないのです。

その後、さらに子どもの姿に注目すると、またそこで積み残していたものが見えてきます。その子たちが大きくなって薬物に手を染めて、そこにまた暴力が生まれ、さらに世代を超えていく。そうなると、依存症が現在も、そして未来においても暴言や暴力まみれであることはまちがいありません。もう愕然とするしかない。それを「病気」と言っているあいだは、ごく一部しかすくいとれないと思うのです。

上岡　依存症の女性とつきあうということが、こんなに暴力について語られることだとは思ってもいませんでした。

信田　わたし自身が生まれ育った家族で暴力を受けた経験がなかったので、正直言うとそのことが、素朴にとても衝撃的でした。

暴力の中にある性

信田　女性の暴力を語るときには、かならず性の問題がつきまといますよね。もちろんDVにおける望まぬ性行為ということもあります。それから暴力の背景にある性的な部分、男性が女性に暴力をふるうときに性的興奮を求めるということがあります。もちろん性虐待を受けてきた男の人もたくさんいますが、暴力についてみなが口を閉ざしてしまうのは、どうもそこに性的なにおいがあるからではないかと思えるのです。

なぜ人は暴力をふるうのかという問いを立てると、「気持ちがいい」、つまり快感を得るという点を見逃すことはできません。その気持ちよさの中には当然、性的興奮が含まれます。性の問題はとても個人的、プライベートな事柄なので、これまでは文学でしか語られてきませんでした。それが日常の中に習慣的なことがらとして浮上してくるのが、なんとも言えない違和感になっています。

テレビで繰り返し報じられたイラクの捕虜《ほりょ》に対する虐待も、かなりの部分が性虐待です。あの映像がお茶の間に流れること自体がいやだ、とわたしは思ったけれど、現実にはあの百倍すごいことが起こっていて、一パーセント流すことは必要なんだという専門家の意見もありました。

男性捕虜を虐待するアメリカ軍の女性兵士の映像が主に流されていましたが、あれはどうも意図的でしょう。イラクの男性にとっては戦勝国の女性兵士による性的虐待はアメリカ男性兵士によるそれよりはるかに屈辱的であるからです。男性兵士による虐待が明らかになれば、もっとすごいことが起こっているのではないかと想像してしまうのです。

イラクのあのような映像が日常的にテレビで流されていることと、佐世保の少女が残虐な行為をしたことは関係があるのではないかとも思います。

家族というだれの目からも閉ざされた中で起こっている性的虐待と、国家のレベルで正当化されながら行われている暴力の問題（戦争）がシンクロしているのではないか、とつくづく思います。

この本の中で語られることが、薬物依存の問題、女だけの問題だと思わないでほしいのです。暴力には個人的なレベルと国家のレベルのテロや戦争がある。そして暴力を受けてきたのは多く、弱者である女性、それも少女でした。暴力と性は分かちがたくつながっています。性虐待と暴力は渾然《こんぜん》としています。女性が殴られてきたことをよく聞くと、そこには性暴力がひそんでいることはめずらしくありません。男から女への暴力はきわめて性的であることがよくわかります。

上岡　わたしが二十一年前に自助グループにつながった当時は、世間的には性虐待はないものとされていました。以前に女子刑務所に勤務していた心理技官の藤岡淳子さんの話では、女子受刑者たちのあいだではＤＶも性虐待被害もめずらしいことではありませんでした。

わたしが十四年前にダルク女性ハウスを開くときに、そのこと、つまり性虐待があるということを認めてもらうことがとても大変でした。性虐待なんてものはないものとされていたのです。

信田　今だって、そんなことを言うのは斎藤学先生くらいでしょう。斎藤先生が一九九九年に『封印された叫び』（講談社）という本を書かれました。あれは今読んでも画期的ないい本です。しかし世の中からはあまり歓迎されなかったようです。早すぎたのでしょうか。でも状況は現在でも変わっていません。性虐待は相変わらずタブーのままです。

なぜそんなに性虐待を認めることを抑圧するのでしょう。なぜタブーにしてまで隠《いん》蔽《ぺい》するのでしょう。答えはじつに簡単です。「そうか、やはり彼らは恐れているんだ」と思う。性虐待がこれほどまでに広範に起こっていることを公にされるのを恐れているんです。

アメリカでなぜフォールス・メモリ論争（幼少期の性虐待の記憶の真実性をめぐって欧米で起こった「偽りの記憶」についての論争）が起こったかというと、新聞が性虐待について書きたてたこと、セラピストたちが性虐待の記憶を呼び起こすことを奨励したことなどから、子どもたちが親を訴えるというケースが多発して、その結果として社会的な問題となり、大きな論争になったという背景があります。

ところが日本では、いまだに新聞にも書かれず、ないものとされているわけで、それなのに、アメリカの論争を今の日本にあてはめて性虐待についての言論を芽が出る前に封殺するという動きは、いったいなんなのかと思います。その事実を見ると、やはり性虐待が日常的に家族内で（もちろん家族外でも）起きていると認めることへの恐れを感じざるを得ないのです。

上岡　男の人でも、自分自身が性虐待を受けている人もいますよね。

信田　鼎談の中でキャンベルさんも言っていましたが、性的虐待を認められないということには恥の意識がありますね。つまり、こうして生きてこなければならなかったことがとても恥ずかしいことだと、その意識は男のほうが強い。イラクの捕虜の例にもあるように、劣位の性である女を支配する立場の自分が、性的対象としてあつかわれたこと自体が恥なのだと思います。欲望の主体が客体になったことが許せないのでしょう。その恥に触れることも一つの理由です。

もう一つは、男たちによるホモソーシャルな世界が脅《おびや》かされることへの恐れが、性虐待を見たくないことの理由ではないかとわたしは思うわけです。つまり、同性同士によって成り立ち、異性はそれを強化確認するためにあると考えるシステムそのものが脅かされるのです。ホモソーシャルな世界では、女は娼婦か、支配する対象か、あるいは母しかいなくて、男性は女性よりも勝っているという価値観がまかり通っている。それは儒教の思想を下敷きにした東アジアにより強いと思います。

先日、韓国映画『シルミド』（二〇〇三年、カン・ウソク監督作品）を観ましたが、女性は母と、レイプされる女、人質になる女の三種類しか登場しなかった。男による男同士のドラマの典型ですね。男たちの絆に女は不要なのですよ。女は不要であるけれど、それを下敷きにしなければ男の絆は成立しない。下敷きにするということは支配することです。支配の一形態が性虐待だとすれば、ホモソーシャルな世界は性虐待がつきものになる。

しかしこのような事実を認めてしまうと、男の絆の正当さが根底から崩れてしまうでしょう。だって、男の絆を支えている信念は「正義」なのですから。その点からも『シルミド』はホモソーシャルな東アジアの常識を正直に描いていると思いました。その点で感動したんです（笑）。

名づけられない経験

上岡　アダルト・チルドレン（ＡＣ）の概念が出てくる前から、そのことばを必要とする人たちはいたんです。自分の経験をどう語っていいかわからないところに、ＡＣということばが出てきたというのがわたしたちの実感ですね。

信田　そう、名づけられない経験があって、その後に表現することばが生まれたんです。それなのに、ＡＣということばができたからＡＣと名のる人が出てきたというのが、多くのACバッシングの基本的論調ですね。「偽りの記憶」の論法も、性虐待ということばができたからありもしない記憶がよみがえるという同じ論法を使っています。最初にことばありきではないんです。最初にまず経験がある。わたしはそう言いたい。

上岡　父と母の関係が悪くて、母親が父親の性的対象になっていないと、娘はその関係の悪さのあいだに立ってしまいがちです。娘が父親の恋人のような存在になって、その緊張感をやわらげようとするのです。小さいころは無意識でやっていること、たとえば、お母さんがお父さんに冷たいことを娘が気に病んで、ビールを注いであげたりするんです。自分が気を遣わなければ、たちまち両親の喧嘩がはじまって、ひどい状況になるということが、わかるからです。

それが思春期になると、異性としての父親が近くにいるという状態になってきます。両親の関係がそれほど悪くない場合には、娘が「お父さん、きたない」とか「気持ち悪い」と言って、やたらと嫌悪感をあらわにして、異性としての父親を遠ざけるようになります。思春期になれば、一人になりたいとか、親とはなれたいということで、自分の安全圏を確保するようになるからです。

しかしずっと両親のあいだに立ってきた娘は、そこで嫌悪感を表現できずに、我慢して、いつまでも父親の恋人役を演じてしまう。そのことに母親が嫉妬《しっと》を覚え、それをまた娘が感じ取って、さらに感情が複雑にからみあってしまう。母親は娘を人身御供《ひとみごくう》にしていることに気づいていないし、娘は後ろめたさを感じて母親とうまく接することができない。

表面的には、単に仲のよい父と娘、と見えてしまうということが起こります。実際に性的な行為をしている場合もあれば、行為には及んでいないけれども、娘の安全圏を侵しているということがあります。激しい暴力だけが暴力なのではありません。

そんなある日、娘がリストカットをしたり、薬物や異性との関係でトラブルを起こしたりする。そのことで娘と父親との距離ができる。裏を返せば、そのような行為でしか距離が取れないということになります。

両親は、「いったいなぜこの娘はこんなふうになったんでしょう」と言って、娘は「わたしだけが悪いんです」「わたしがこんなふうになったから家族が壊れた」「うちはいい家族だったんです」と言う。しかし、そのうしろにある娘の話を聞いていくと、見えるかたちでの、あるいは見えないかたちでの家族の複雑な関係が見えてくるということが起こります。これは依存症を抱える女性にはよくある状況で、決してめずらしい話ではありません。

性的なものであるにせよないにせよ、暴力が行われている場合にはわかりやすい。しかし、支配的な関係という意味では、構造は同じです。両親の緊張感のあいだに立って、ある役割を演じながら安全圏を侵されているのです。

閉鎖的な家族、秘密を共有している家族

上岡　そういう夫婦の関係に立つか立たないかというのは、家族の関係が閉じているかどうかにかかっています。問題が大きくなった娘の話を聞くと、閉鎖的な家庭が多い。たとえば、家族の中に自殺者がいたり、障害のある人がいたりして、そのことを秘密として共有していることで、家族が閉じてしまう。そのことが親戚中の恥になっていたりもする。そうするとだんだん家族は孤立していく。

「障害の子をもって幸せです」と母親が言う場合がありますね。そこではいろいろなことが省略されていて、そのようなことばに凝縮されているわけです。しかしそう言いきってしまうその隣りにはきょうだいもいれば夫婦の関係もある。そして、その一家が抱えられる以上の負担がかかっている場合がありますね。学校に通っているきょうだいも、「わが家に障害児がいることを先生に言ってはいけない」とか、「友だちを

家に連れてきてはいけない」と言われて、その一家がますます閉じていってしまいます。あまりにも閉じてしまえば、そのような家の状況を子どもはふつうだと思ってしまう場合もあります。

小学校高学年、中学生くらいになると、自分の家はおかしいかもしれない、と思いはじめて、押さえつけられていた思いを爆発させる子もいれば、抑うつ的になっていく子もいますね。

しかしともに、子どもはそこからなかなか出ていくことができません。そのような家庭に育った子は、「自分が出たら弟や妹が危ない」と思ったり、これからは両親が自分に振り向いてくれるかもしれないと思って、家を出ていくことができません。安心とか安全をしっかりもらった子は出ていけるけれど、安心がたまっていない子は、出ていくことさえできないんです。

殴《なぐ》られて育ってきて、自分は価値がない人間だ、絶対的にだめな人間だと思うことなんてできない。そうすると、いつか親が振り向いてくれないかと、すごくひどい状況の中でも子どもは待ってしまいます。

彼女たちは、自分には価値がない、自分が生まれてはいけなかったんじゃないかと疑っているんです。自分は生まれてくるべきではなかったということを、「わたしが生まれてくることは望まれていなかった」「自分が生まれたことで家族が壊れた」ということばで表現したりします。

たとえば、仲が悪い両親が、その子の教育問題で争う、または自分のことが原因で喧嘩をするのを見て、「全部自分が生まれたからだ」と思いこんでいく。「わたしが悪かったんです」というところから、「でも何もなければこんなことにならないよね」と返しながら何か月、何年とミーティングに通ってきて、だんだんと自分の置かれていたところが何だったかということがわかるようになる人もいます。

最近は、おじさんのようなことばで自分を防御する子がいますね。「家族は千差万別でしょ」とか、「甘いことを言っていちゃ社会はわたっていけない」と。「そうだよ。だけど、あなたの両親の離婚のことを、あなた自身はどう感じたの?」って聞くんです。

信田　自分の経験をどのように言語化するか、というのは大きなポイントでしょう。同じ女性たちのことばをとりいれていく人もいれば、自分を抑圧してきた男たちの視線や目や立場をそのまま自分のものとしてことばにしていく人もいるでしょう。そうやって自分をつくってきたんでしょうね。男の目で自分や周囲の女性を切りとり、断定するわけね。オヤジになることでサバイバルしてきたと言えるかも。

暴力は支配欲である

信田 わたしは、娘への性虐待は単なる性欲のはけ口ではなく、支配欲の満足だと思っています。男性の支配欲をいちばん満足させるのは仕事上の成功、それと性的な支配でしょう。でもこの二つは相補的におたがい補いあうという関係ではないと思います。どこか競合的、つまり競いあって相互にレベルアップするような関係かもしれません。性的な支配の対象は合法的には妻です。でも妻は成人ですし、ときには脅威《きょうい》を与えられることもある。そのようなとき、もっとも確実に支配できる存在として向かうのが娘や息子なのではないでしょうか。

べつに性虐待本人のメカニズムを理解してあげようとは思わないんだけれど、これだけたくさんの体験本（引きこもりや摂食障害など）が出版される中で、なぜ親が自分の子どもを性的対象にするかをみずから書いた本がないんだろう。ぜひだれか書いてほしい。被害者からの体験ですら、仮名じゃないとむずかしいのが現状だから、まあ無理かもしれませんが。それはわたしにとって最大の謎です。発情する、性的に興奮するのは、きわめて社会的に学習された行為ですから、けっして本能なんかじゃない。

よくある「性欲が強すぎるから自分の娘に手を出す」といった言説にはなんの根拠もありません。

上岡　他人に暴力をふるうことで自分の力を確認したい、そうしないと自分が不安になるということですか。

信田　もちろん女性にも支配欲はありますす、お互いにそれは自覚できますよね。ここではジェンダーということばを使うとよくわかります。男というジェンダーは、劣位の性である女というジェンダーに支えられています。弱い女を保護し、守らなければならない、つまり強くあらねばならないという信念が刻印されている分だけ、支配欲、権力欲は強いでしょう。逆にそれが満たされていなければ保たれない分だけ脆《もろ》く、たえず脅かされている存在だともいえますね。さきほども述べたように、性欲は社会的に学習されるものですから。

なかには、いやがる人を無理矢理に犯すことで欲情するという人がいます。痴漢の常習者も、女子高生のようないやがりそうな人、恥ずかしくてこわがりそうな人、しかし声をあげないような人を選んで近づいていきます。相手を辱《はずかし》めるというのが最大の目的になっているわけです。

男の人で、「女を落とす」と言う人がいますね。もっとも手の届かなそうな女に近づいていって、女性が振り向くまではすごくやさしくて熱心。しかし自分のものになったと思ったとたんに暴力をふるうようになる。これもＤＶではよくあるパターンです。いやがるものをだんだんものにしていくプロセスそのものが一つの快楽なのでしょう。

その点で、辱めることで欲望を満たすレイプや痴漢と同じだと思います。そうやって自分のものになったとたん（多くは結婚して妻になる）、今度は完全に自分だけのもの、自分の所有物として妻をとらえるようになるのです。自分の意にそぐわない妻が自己主張をするなどということはあってはならないのです。

上岡　女の人でも、いつかうまくいくと思って、だめだと思っても男性を追いかけてしまう人もいますよ。いくらやめなさい、無理だよ、と言っても……。

信田　そういう人は、彼は自分のものだと思っているんじゃないですか。ただ、男の所有と女の所有は決定的に違います。女性は、殴って半殺しにして男を所有するというローテク（低レベル）の手段はとりません。無理だからです。むしろことばを使うハイテクのさまざまな方法で男を所有しようとするでしょうね。

「わたしだけがあなたを理解している」と言いつづけたり、なんで気づかないんだと思って追いかけていくというストーカータイプ。なかには絶対振り向いてくれないから安心して追いかける人もいるでしょう。追いかけている分には安全ですから。自分のほうを向いてくれたとたんに恐くなって彼からはなれる、なんていうのもよくあるパターンです。自分に振り向かない彼という状況を直視できず、彼を救う立場に身を置いたり、自分だけが理解者だとして精神医学の診断名をつけたりと、さまざまなバリエーションをつくりだしますね。

上岡　摂食障害の仲間の話を聞いていると、彼がいるけれど、彼にはほかに彼女がいて、でも「君のことが心配だから」とつなぎとめられていて、という人が多いんです。

信田　彼にとっては、彼女に対する思いやり、善意ってわけでしょう?

上岡　そう。でもね、「そんな男は、自分より弱い存在を置いておかなければ自分が生きていることに自信がもてないんだ」とわたしは言います。対等な人間関係の中では緊張が解けないから、優位に立てる存在を手放さずに、うまくバランスをとっているのです。

信田　ほんとに腹が立つよね。でもとっても多いですよ、そういう男性。保護する女性がいることで彼らの自尊心は保たれているというわけだ。女性のアルコール依存症の夫にもそういう人がいますね。妻がお酒を飲んでいる状態で二人の関係がうまくいっている。妻が酒をやめると自分より上になるのが困る。だからずっと飲んでいてほしい。

共依存ということばを限定しよう

信田 暴力の問題を正面に据えるようになってから、わたしは「共依存」ということばをかなり限定して使うようにしています。なぜなら、殴っている夫が問題なのに、逃げない妻が共依存だから逃げないというふうにとらえられてきたからです。「被害者」と彼女を呼べば、共依存は被害者に責任を転嫁することばだからです。だからDVについては、共依存ということばはほとんど使わないようにしています。万が一、妻に問題を感じたとしても、その十倍、暴力夫に対して問題をつきつけなければならないと思っています。

でもアルコール依存症の夫に対する妻の関係を見せつけられると、やはり共依存と呼ばざるを得ない。自分より弱者を身のまわりに引き寄せ、しかしながら手放さない。ケアすることは、ときとしてケアされる側からパワーや生きる力を奪うことになります。弱者はさらに弱者となり、ケアする側は常に与える立場に位置することで、結果的には相手を支配するのです。こういう関係をつくるのがじつにうまい人たちがいる。

その人たちにはやはり「共依存」ということばが当てはまると思う。

それは女性にもあります。アルコール依存症の夫に対して、殴られながら「わたしがいないとだめになる」と言って痣《あざ》だらけになりながら面倒を見る。ほんとうにグロテスクです。

なぜ暴力をふるわれている側が、ふるっている人のことを心配するんでしょう。自分こそが被害者なのに。彼女たちは被害者としての当事者性をもたないのです。むしろ殴っている夫を逆にケアすることで「かわいそう」と思いやる。そのことでクルッと一回転して、加害者である夫を面倒見ながら優位に立つのです。そのことが夫に感知され、次の暴力の引き金になったりもします。

上岡　わたしも今は、そのことがわかるようになったけれど、以前はなぜそんな膠《こう》着《ちゃく》しきった悪い状態をつづけるのか理解できませんでした。そういうことはやめたほうがいい、と思っていたの。

信田　そういう状態も、もとはといえば暴力をふるわれたから生まれたんでしょうね。苦しい夫婦関係のサバイバルとしての「共依存」かもしれません。やはり共依存ということばは、かなり用心して使わないといけないですね。二人のあいだの力の差、夫婦であればジェンダーという視点抜きには力をもっている側を免罪することになりかねませんから。

依存症当事者と依存症者の妻

信田　膠着状態を表わすのに「パワーゲーム」ということばがありますね。家族療法から生まれたことばです。しかしいま思えばこれは雑なことばですよ。なぜなら水平状態における対等な関係のゲームではないからです。明らかにいつも女が下にいるのに、それをパワーゲームだなどと表現するのはとても危ないことですね。

なぜアルコール依存症の暴力夫から妻がはなれないのかについては、もう数えきれないほどの説明がされてきました。共依存も、その過程で生まれたことばです。その全部を説明するのはむずかしいので省略しますが、一つとても興味深い現象がありま す。

依存症本人の女性に対する、アルコール依存症者の妻からの独特の視線、態度です。同じ女性なのに、かたや本人、かたや妻である、そして二つの立場に越えがたい分断があるのはなぜでしょう。

どうも妻たちからしてみると、薬物依存や摂食障害などの問題行動をみずから起こして当事者になった女性に対して、軽蔑があるようなのです。

「わたしは夫を支えて、子どもも育ててちゃんと生きてきたのに、あなたは道を踏み外して」という……。

これは表向きです。裏側には、彼女たちからの羨望《せんぼう》を感じます。

「思いきり自分勝手なことができてうらやましい。できるものならあなたたちみたいにやりまくって、夫を苦しめてみたい」とね。

そう考えてみると、妻たちが夫からはなれない理由は、「悪いのはあなただ。わたしは苦しめられた被害者だ」というポジションにしがみつくことしか残されていないからかもしれません。アルコールを飲んでいる夫は悪い人であり、かたわらで苦しむ自分は被害者であり、なおかつ夫を支えて治療させようとうながす「正義」の存在なのです。被害者＝正義であり、それにしがみつくことでしか生きられないのが彼女たちなのです。

これを被害者権力とわたしは呼んでいます。弱者はしばしばこの権力を行使することによってしか生きられないのかもしれませんね。

上岡　しかし話を聞いていくと、本人が依存症になる人と、依存症者の妻になる人は同じストーリーをもっていますよ。

信田　そうなんですよね。双方とも暴力的環境をサバイバルしてきたことにはちがいないんだけれど、どこから岐《わか》れるかというのが不思議。同じような家族で、同じような被害を受けた人が依存症になり、一方は依存症の夫の妻になるのです。

日常のカウンセリングでも、このような分岐点を感じることがあります。常識的には妻になったほうが適応的ではありますね。でもこの人たちは、しばしば子どもたちに支配的、それも共依存的な支配を行使するのです。だから、どちらがいいとも言えません。でもわたしの好みは、やっぱり本人になった女性のほうですね。潔《いさぎよ》いから。

暴力による絶対的な孤立

上岡　DVの被害者の多くは、かつて親から暴力をふるわれた体験をもっていて、若くして家を出なければならなかったり、SOSを出したいときに実家に帰れない人が多いですね。DVが膠着するための理由や状況があると思います。ある女性は自分と同じようにDVをふるわれて半年で別れた前妻がいることがわかって、やっと夫の暴力から逃げおおせました。それがなければ逃げるきっかけもつかめなかったんです。

信田　逃げていく場所がないのですね。この夫をはなれてどこに行くかとなったときに、実家が帰れる場所になっていない、あるいはもともと帰れる場所がない、という人もいます。ＤＶが表面化しないのは、妻と原家族との関係も大きいということなんですね。ある女性はダメ家族から合法的家出をして結婚した相手がダメ夫だった……とつぶやきましたが。

上岡　ＤＶも虐待も、絶対的な孤立、周囲から孤立してしまっているということがあります。

信田　男が孤立させてしまうというわけですね。たとえば妻に対して自分以外の人と会うのを制限したり、留守中の行動をチェックしたり、持ち物を検査して管理する。まさに収容所状態にしていくわけですよ。これほど交通や情報が発達していても、男は妻をこのようにして見えない収容所に閉じこめ、自由を奪い、孤立させることができるのです。

上岡　もともと支配される関係に育って孤立しているところに暴力が加わると、ますますそのことを外に隠すようになって、孤立度が深まるという悪循環に入っていく。「安全な場」ということを知らないのです。

信田　暴力を受けつづけてきた人は、自分がどんな人が好きか、自分が何をしたいのか、安全な環境とはどのような場所か、そういうことがとてもぼんやりとしている人が多いですね。

上岡 安全とか安心をもらったことがないからわからないんです。痛いことにも鈍感になっている場合があります。

信田 虐待的な環境で育った人って、「痛い」って言わないですね。だから治療が遅れたり、術後の痛みを訴えなかったりということが起こります。

以前、「DVは健康問題だ」と言われたときに、わたしはすごく反発を感じましたが、今では、DVは基本的な健康である感覚が奪われていることだと思うようになりました。常識的な人間の感覚というのは、暴力を受けつづけている人の場合には本当に当てになりません。

たとえば気温が高いときに「暑い」とか、食物がないときに「おなかがすいた」くらいは残っているようですが。「疲れた」という感覚は非常に鈍っていますね。だっていつも疲れているんですから。あとは「苦しい」というのも鈍りますね。だから孤立していることもなかなか実感できないかもしれません。

上岡 「痛い」と言えたり、「つらい」「苦しい」と言える人、それを自分のことばで表現できるようになるといい、というのがわたしの印象です。

暴力に長いあいださらされてきた人たちは、はじめは攻撃的に見えます。たとえばミーティングで、だれかが家族との関係とか、仲間との関係が大変だ、という話をする。最初は、その話を聞いて混乱します。それまでは、「弱音を吐いたらやられる」と思ってきた人たちですから。

それから、自分のことを話すという経験もしていません。ある人が「今こういう問題があって困っている」という話をすると、それを聞いてことばをつまらせてしまう。それで、にらんだり、「わたしはみんなほどひどくない」と言うんです。ほんとうはいちばんぼろぼろなのに。

暴力ふるう人の気持ちがわかる、と言う人もいますね。夫が外でいらいらしても、他人を殴ったりできないから、家に帰ってきてわたしや子どもに暴力をふるうんだ、と。

わたしは「それはわたしにはわからない。自分より弱い立場の人を殴るなんて許せない」と。暴力的な人ほど、一方的に「おまえを守る」と言いがちなんだけど、それは関係性が一方的です。侵略的ということです。

殴ったことに罪悪感を感じる人はまだ相手を見ているけれど、しじゅう殴っている人は、相手が逃げるかもしれない、相手に嫌われるかもしれないと思って、急にやさしくなるという、これもまた一方的な感情だと思う。

信田 わたしは男が女を「守る」っていうのが本当にいやですね。

上岡 大人の対等な関係の中で「守る」ということが成立するとしたら、それは二人でつくりあげていくもので、「守りあう」という相互的な関係じゃないのかなあ。決して一方的なものではあり得ない。「おれが守る」というのは、とても危険な発言だと思う。

自分ができることは自分の領分で、彼の領分は彼の領分、そこが侵されているんです。だから、彼が暴れたあとで、「かわいそうに」とか、「わたしにだからそういうところを見せるんだわ」と言ったりするんです。それで、そのあとにセックスをするという、恐ろしい構図。

DVを受けている妻は暴力の代償としての宝石やブランド物をもっていたりするということもある。それも、借金をしてお金をつくったりして……。

信田 浮気の代償というのもありますね。彼のつくった女の数だけ宝石をもっていたり、海外旅行に行ったりするんですよ。

上岡 虐待を受けてきた女性で性産業で働くようになる人が多いのはどうしてでしょうか。

信田 安心とか安全といった感覚がわからないとき、直接的な皮膚の接触だとか、抱かれることで、束の間の安心感に似たものが味わえるんじゃないでしょうか。彼女たちは、自分がセックスが好きなんだと思いこむんだけど……。それは性的快感を求めているんじゃなくて、自分の行為で相手が満足する、その見返りとして承認されている感覚を味わうことだけを求めているんでしょう。おまけに簡単にお金を稼ぐことができますから。金銭を媒介にすることで安全が保障され、後くされがなくなるという効果も無視できません。

上岡　ある女性は、「お金のやりとりをしない異性関係は恥ずかしくておつきあいできない」と言っていました。

信田　わたしも金銭のやりとりをしない会話は恥ずかしい!（笑）

暴力からはなれるための第一歩

信田　膠着した関係をつづけて暴力がエスカレートする中で、やがてだれもがどうしようもない状況に陥ります。そのときにだれか近くで気づいてくれる人がいるかという人的資源の問題がありますね。それから、どれだけ情報が近くにあるかということが大きいですね。何かあるのではないかと、自力で情報を探し出せる人はかなり少ないです。

上岡　どこに情報があるかが身近にわかるように、シェルターや電話相談の情報を流してほしいですね。

信田　電話帳や自治体の広報誌に「ドメスティック・バイオレンス110番」というような案内を入れるべきですね。

上岡　それは逆に暴力の加害者にとっても、早い時点で問題が明るみに出るという意味でいいことだと思う。ダルク女性ハウスに来たある人は、夫からの暴力で逃げようと思ったときに電話相談に電話をして、相談員に「逃げられますか？」と聞いたら、「一一〇パーセント逃げられます、お守りします」と言ってくれた、と。それを聞いたときに、「いい人が相談窓口にいてくれた」と思ったの。

そこで「危ないことがあります」というようなことを言われたら、絶対に逃げなかったと思うと、本人が言っていました。

信田　それはわたしたちのような職業についても言えますね。「うーん、危ないかも」なんて言ったら、目の前の女性は逃げませんよ。内心で不安があっても、ことばだけはばーんと、「大丈夫！」と言う。だからはったりがかませないと、こういう仕事はできないと感じています。パニックに陥っているときには、はっきりと「大丈夫」と言ってくれる人が必要だと思う。

上岡　暴力を受けるということは、虐待でもＤＶでも、情報が入る道筋が細くなってしまうということです。だから、ふつうの人に説明していると思ったらだめです。情報が少ないところに確実に入る方法を選ばなければなりません。

信田　情報もないような閉ざされた状況に置かれると、希望なんてない、と思ってしまう。逃げるなんて絶対に無理だと思う一方で、でも逃れたいという気持ちもある。このような正反対でものすごく大きな葛藤の中にいる人を引っ張り出すためには、一方の気持ちや意志を強い力で引っ張らなければ、もう一方の圧倒的な力に巻きこまれてしまうのです。

上岡　小さいころから暴力の近くにいると、「どうせ変わらない」と思ってしまうところがあって、力を奪われているし、どうせうまくいかない、自分は変えられない、と投げやりになってしまう。それで引きこもったり、完全にあきらめたりしているのです。大変な人の話を聞くと、みんな「わたしはそんなに大変じゃない」と言うんです。

信田　すごくひどい人にかぎって言いますね。暴力の怖いところは、「なじみ」の感覚や「慣れ」を生み出すことです。強い刺激ほど慣れる必要があります。ひどければひどいほど脱出するようになるというのは、あらっぽい不正確な考えだと思います。

上岡 小学生のときに酒瓶で殴られていたという仲間に「それって虐待じゃないか」と言ったら、「みんなはそうじゃないんですか?」と言って本人が驚いていました。

信田 ほんとにね。信じられないことばを聞きますね。そういうときはオーバーにちゃんと驚いた反応を返さないといけませんね。でも「それは虐待」って言われて楽になる人と、そのことで崩れてしまう人がいますね。だからむずかしい。虐待と言われてショックで動けなくなった人もいました。

上岡 親からの暴力でつらいのは、やっぱり子どもは親を愛したいものだから、虐待された本人が「自分が悪いことをしたから殴られた」と思ってしまうことです。何か殴られる理由があったと思いたい。ただただ殴られていると知ったら、自分が生きている意味にぶち当たってしまう。

「わたしは生まれてこないほうがよかったのではないか」ともともと疑っているところで、そのことを認めざるを得なくなる。だから子どもは、理由があるから殴られると思う。やがて子どもは、お母さんのストレスが解消されるなら僕を殴ってもいい、自分がお母さんを支えるんだというところまでいってしまう。

信田 そこに役割を見出していく。まさにACのメカニズムですね。つらい話だね。

上岡　そうしてサバイバルしていかないと、もっと激しい暴力にあうようになるのです。

お母さんとその娘の話を聞く機会があると、二人の語るストーリーはまったくちがうという場合もあります。母親は、娘が依存症になったからこうなった、と言うけれど、娘に聞くと、以前から両親の仲が悪くて、うちはひどい状況だったと話す。

信田　むしろそれが一般的でしょう。ほとんど親と本人の語る内容は正反対だ、というのがわたしの認識です。たいてい親は自分を守るように考えをつくっていきます。そして常識や世間も親を守るようにつくられています。だからわたしたちは、本人の立場に立って暴力を受けた側の立場に立って、はっきりと発言しなければならないと思っています。

「信じて聞く」ということ

上岡　わたしが聞くなかでは、教師による性虐待というのもめずらしい話ではありません。小学校のときに教師からレイプされていて、でもそれをだれにも言えなくて、言っても信じてもらえない、というのは、今にはじまったことではないのです。

信田　ここにきて、ようやく証言する少女の言い分が正当なものとして認知されるようになったということですね。やはり信じて聞く、たとえいささかの誇張があったとしても、本人の話を信じて聞くということが大原則です。

上岡　依存症になるからにはやっぱり何か理由があって、激しい暴力を受けてきた場合もあれば、目に見えるものが理由ではない場合もある。その理由をくらべるのではなくて、何が苦しかったのか、自分は何を見てきたのかということを客観的に話さないかぎり、何が起きていたのかがわからなくて、勝手に子どものときのストーリーのまま生きていってしまう。

　自分以外の人の話を聞いたり、しだいに自分の話をすることができるようになる。その正直な話をそのままに受けとってもらえる、侵されないということの経験が大事だよね。だれにも言えないと思っていたことを話すこと、だれかの話を聞くことで、自分だけのプライベートなストーリーが自分だけのものでなくなる。ニュアンスや状況はちがっても、同じ構造であることがわかるようになるのです。

信田　自助グループはそれができるところだということですね。その自助グループの意義を誤解している専門家があまりにも多いことも事実です。その意味では援助者のほうが遅れていますね。

自助グループのもつ力

上岡　自助グループに参加した人は、はじめは語るべきことばをもっていませんから、沈黙している場合が多い。しかしだんだんと、仲間が使っていることばを口うつしで覚えていき、そのことばを使って自分を表現するようになっていきます。そしてついには、自分のことばで語れるようになります。

信田　まるで一歳児がだんだんことばを覚えていくような調子ですね。自助グループ用語というような、変わったことばがあります。それを使いこなせるようになると、しだいにグループになじんでくる。自助グループ用語というのは、当事者が自分のことをもっともよく自分を表わすためにつくってきたもので、文化的遺産と言えるようなことばです。

薬物依存の人たちが、薬がやりたくなることを「欲求が出る」とか、グループでしゃべることを「吐く」とか、グループの中で言葉が生成されてきますね。グループは感情を共有しあう場所ですが、単なる感情論ではなくて、グループはことばを獲得する場であるというのが、最近のわたしの理解です。

上岡 自助グループで回復していくということは、自分の中のプライベートなストーリーを普遍化することですが、こんな思いはだれにもわからない、という激しい否認の中から脱するのは、とても時間がかかります。

さまざまな依存症をくらべることはできませんが、自分が依存したものが、何を壊すのか、だれを壊すのか、ということがありますね。アルコール依存や薬物依存は自分自身を壊す。ギャンブルは、自分のからだは壊さないけれど家族関係を壊す。仕事の中毒も、いきすぎれば周囲への強迫的な行動で同僚や家族を壊す。いずれにしても何かを壊すわけです。

信田 ところで、自助グループのことを「傷の舐《な》めあい」と言う人がいますね。

上岡 いえ、知恵と力の宝庫ですよ(笑)。

信田 がんの患者会も増えていますよね。当事者である人は先駆者であり知恵と力の宝庫だと思う。グループに参加すると、そこにいる人たちは自分にとっての未来であり、過去でもあります。

生活をしていく力になる

上岡　自助グループは概念的なことだけではなくて、休みの日にいっしょに遊ぶとか、生活のレベルでのサポートもするのです。それは安全な距離感を学んで、長く人とつきあっていくということでもあります。支えあえることがあれば支えあう。感情的なものだけでなく、現実的なものでもあるのです。

信田　キャンベルさんも言っていたように、生活をきちんとするということはとても大切なことですね。

自助グループを批判する人は、自分の弱みを他人に見せてはいけないと思っていたり、だれかにパワーを発揮することで男らしさが保たれると思っていたりする。カウンセリングに来る人も圧倒的に男性は少ない。男性にとっては、自分の恥を他人にさらすということが高いハードルになっているので、アルコール依存症の男性が簡単に自助グループになんかつながれない、というわけです。

上岡　わたしの経験ではアルコール依存や薬物依存は、男性性や女性性にしがみつきがちな人が多い気がする。男性であれば、仕事ができないといけないということで薬を使ったり、仕事でノーと言えずにお酒に走ったりする。自分はこんなもんだ、やさしくてもいいんだと思えれば依存症にはなりません。

これからの自助グループ

上岡　自分が来た道を振り返っていくためには、ほんとうに根気がいりますね。本人にしても、自助グループを紹介した専門家にしても、一回行っただけで、なじめない、だめだ、となっても、もう一回ちゃんとプッシュしてほしい。

信田　少なくとも三回、できれば一週間、毎日自助グループに通ってから結論を出してほしいですね。自助グループであっても人間関係の坩堝《るつぼ》だから、当然傷つくし、競争も働く。だけど自助グループには、それを超える何かがあるということです。

上岡　カウンセラーとの一対一の関係が必要な人や、そのような時期もあります。しかしカウンセリングは、終わってしまえば一人に戻ってしまう。帰り道から、もう心細くて、寂しくて仕方がない、と。次のカウンセリングまで生きていけるだろうか、薬を使わずにいられるだろうか、と考えただけで不安にうちのめされて、薬を使いたくなってしまう。わたしもそんな不安な日々が毎日つづきました。

精神科医の中には、安定剤を飲めば不安がとれると思っている人もいるけれど、薬を飲んだって、不安や寂しさ、疎外感はとれない。何年、自助グループに通っても、やっぱり寂しさはとれない。少しグループからはなれたら、孤独はすぐに戻ってくる。それは、自助グループに通うことで、孤独がすぐ隣にはないというだけのこと。

そういうときに自助グループがあると、顔を見て「顔色悪いね」とか、だれかが声をかけてくれたりする。もちろんいいことばかりではありません。多くの人の中で孤独を感じたり、孤立してしまうこともあって、自助グループの中での関係が負担になることもある。それでもやはり、自分をありのまま受けいれてもらえる場があるということが、自分の支えになるのです。自助グループはいろいろな場所で開かれていますので、どうしてもなじめなければ、参加するミーティングを変えることもできます。

信田　自分にあったグループを自分で選ぶということですね。どうしたってまとわりついてくる寂しさはずっとある。でもそこに行けば自分がいてもいいと感じられる場所もある。そう考えると、わたしたちカウンセラーや援助者のほうが貧困ですね。今のわたしにそんな場所ないもんね。ときにわたし、依存症の人たちがうらやましくなる。

上岡　刑務所で服役している人の中に薬物依存症の人もいて、その人たちが刑務所から出てきたときにだれがそのことにつきあうかという問題があります。とにかく孤立することはだめで、ただでさえ刑務所経験で孤立しているのだから、そのときに自助グループがあるといいですね。自分が困ったときに連絡ができる相手を得られるといい。女性はパニックになったときに連絡をくれます。けれど、男性は助けを求められるようになるまでに時間がかかってしまう。

信田 男性に自殺が多いというのもそういうことですね。昨年の自殺者が三万五千人近くにのぼりましたが、圧倒的に男性が多いでしょう。

上岡 専門家には、自助グループを開いていくことのサポートがうまくなってほしい。DV被害者にしても、助けられたあとで地域にぽんと親子だけで放たれてしまう。そのことはものすごい孤独です。あとになって子どもが問題を起こしたことで、その親子の置かれている状況が見えてくる。DV被害者の親子はほんとうに大変です。たたでさえ、暴力から逃げ、子どもとその母親だけで孤立している中で、学校は転校しなければならない、いろいろな手続きをしなければならない。そこで子どもが安心すると、子どもの緊張がとけて、親からすれば困ったとしか思えないような行動を起こしたりします。それを母親が一人で支えなければならない。その母親がまたアルコールや薬物に依存したりするわけです。

あらゆる意味で、ＤＶはすべてを奪われる。親戚や友人、地域とのつながりまで母親と子どもから奪ってしまうのがＤＶなのです。

信田　この対談を読んで、依存症とあまりかかわりのない援助者の方たちも自助グループについて理解を深めていただきたいと思います。

自助グループの知恵と力

自助グループがなぜ必要なのか
なぜ当事者だけで集うのか
生きなおしはいかにして可能になるか
――自助グループで培われた「知恵と力」を語る

本章の中で語られる「12ステップ」とは、依存症からの回復をめざす自助グループの精神性を支えるためのプログラムを指している。このプログラムは、アディクション（嗜癖）に対する無力をみずから認めることからはじまる。アルコール依存症の自助グループ「AA」（アルコホリックス・アノニマス）が提唱した回復のためのプログラムがもとになっており、現在は薬物依存、ギャンブル依存、摂食障害、セックス依存、共依存、アダルト・チルドレンなど、広く多くの自助グループで用いられている。このステップを使った自助グループのことを「12ステップグループ」と呼ぶ。

「アノニマス」は無名、匿名を意味し、アノニマス・グループの場合には参加の際にみずからをアノニマス・ネームで呼び、身元を明かす必要なはい。

上岡陽江

――自助グループで当事者だけが集うことの意味はどこにあるのでしょうか。

わたしが12ステップグループのメンバーとして個人的に体験したことですが、同じ問題をもつ当事者だけのグループというのは、メンバーは圧倒的に話しやすいのです。自分が何も語れないときに、ほかのメンバーのストーリーを聞くことで、ことばを獲得していくことにもなります。

はじめて同じ苦しみを抱える仲間に出逢うとホッとしますが、最初はまったく自分の話なんてできません。ミーティングに出てみると、なんだか他人の話を聞いて気分が悪くなって帰ってしまう。そういうことがつづいたときに、「なんで気分が悪いの？　話を聞くのがいやなの？」と聞くと、「絶対にいや、ああいう話……」などと言う。

だけどあるとき、すっと話を聞いて、自分以外の人の話の中に、自分の家族の状況、あるいは自分が感じていたことと重なることを見つけるようになる。そうして、時間をかけてだんだんと、おそるおそる自分のことを話すようになります。

それでもまだ、自分を肯定できるようになんかなりません。だれかから「大変だったね」「そこまで自分のことを責めなくてもいいよ」と言われる。

しかし、そのことばだって最初は信じることができません。そこで、「他人のことだから、そんなふうに言えるのよ」となったとしても、ポジティブなことばが自分の中にたまってくるようになります。ミーティングに来るたびに、「よく来たね」「よくやってるね」と言われて、かろうじて、「自分が生きていていいということが、この世の中にあるのかもしれない」という疑いめいた感情が芽生えてくるのです。けれども、それでさえ、「信じていいかもしれない」という危うい感覚です。そうして、今日一日を生きのびることができるようになるのです。

——落ちついてミーティングに参加できるようになるまで、どのくらいの月日が必要ですか。

ミーティングに出て、とにかく座っていられるようになるのに一年、ミーティングの案内を見てホッとできるようになるのに三年ほどかかりました。そうしているうちに、心配してくれる仲間ができて、たとえそこで問題が起こって引きこもるような事態になっても、だれかが電話をしてきたり、「あせらないほうがいい」とか「わたしはこうだった」と言ってくれる。そういう関係性の中で、本当に自分が抱えている問題の要を話せるようになる。それまでに五年はかかるような気がします。

——そのような危うい感覚から、どのように変化していくことができるのでしょうか。

12ステップグループのメンバーになると、ある時点で「スポンサー」と呼ばれる人を選ぶことになります。スポンサーとは、同じ経験をした、つまり依存から自助グループにつながって回復した、いわば自分の先を歩んでいる人です。

何か困ったことがあったとき、たとえばアルコールを飲みたくなった、薬を使いたくなった、寂しくてどうしようもない、というときに、スポンサーにはいつでも連絡を取ることができるし、いつでも相談にのってもらうことができます。

二人の関係を「スポンサー」と「スポンシー」と呼びますが、これは決して師弟関係ではないし、ましてや親子関係ではありません。スポンサーシップは、一方的に何かを教えたり、教えられたりという関係でもありません。ともに歩むというイメージでしょうか。

スポンシーはスポンサーを自由に決めることができるし、いつでも変えることができる、スポンサーの側から降りることもできるという柔軟性をもっています。ただし、二人は同性同士でなければなりません。

——友だち関係というのともちがいますね。

そうです。友だち関係では言わなくてすむようなこと、踏みこまなくてもいいようなことを、スポンサーは、必要であれば言うし、いやがられるとわかって踏みこむこともあります。なにか「危ないな」と感じたときには、いつでも声をかけて、「それはまずい」と伝えなければなりません。

スポンサーとの関係から、他人との安全な距離のとり方を学んでいくということもあります。二人のあいだにはある種の緊張感もあって、べったりと近づきすぎてはいけない。長くスポンサーとの関係をつづけていくと、信頼感や安心感をもつことができて、よく理解しあえる関係を体験するようになるのです。

育ってきた家庭で安全な環境が保たれなかったりすると、人とどのような距離感をとっていいのかがわからない、あるいはそのことがむずかしいという人もいます。スポンサーとの関係の中で、また自助グループの中で、そのような関係を体験しながら、時間をかけてゆっくりと安全な関係に慣れていくようになるのです。これには、五年、十年といった長い時間がかかります。それだけの長い時間は、あとから振り返るとなぜかとても豊かな時間と感じられるものです。自分をつくりなおしていくためにかかる時間は絶対的な苦しさ、我慢ばかりではなく、あたたかな時間でもあるのです。

――スポンサーが一方的に与えるばかりというわけでもありませんね。

そうです。はじめのうちは、スポンサーに助けてもらったり、何かをしてもらうと、そのことに対してお返しをしなければならないと思いがちです。してもらうばかりでは耐えられなくなる。それで、物やお金で返そうとするのです。

その場合にはスポンサーは、「わたしにではなくて、新しいメンバーにしてあげて」と言います。先ゆく仲間にしてもらったことは、新しい仲間に返す。かつてはそのスポンサーも、自分のスポンサーからされていたことで、今は自分がスポンサーとして、伝えたり、与えたりしているのです。そうして蓄積された知恵やことばがあって、それが自助グループの遺産となって受け継がれているのです。

――自助グループの中での役割にはどのようなものがあるのですか。

自助グループは12ステップグループにかぎらず、毎日どこかで開かれています。自助グループがミーティングを開くためにはいろいろな仕事があって、受付をしたり、イスを並べたりする。長く参加して慣れてくると、そういった役割を担うことになって、自分がされてきたことを、次に来る人に返すことができるようにもなります。してあげて、それを返されるということが一対一のあいだで行われるだけではなくて、次から来る人に伝えられていくということなのです。だれかのためになにかができるということは、「生まれてこないほうがよかったのではないか」と疑っているような人には、とても意味のある経験になります。どこかでだれかの役に立てるということは、わたしにとってとても大きな支えでした。

――長いあいだミーティングに参加している人と初心者とでは、認識にちがいが生じるということがありませんか。

グループの中で、ロングタイマー（ここでは、自助グループにつながりながら長く依存症からはなれている人のこと）ばかりが集まっているとつまらない。やはり、ビギナー（自助グループに参加しはじめたばかりの人）がいて、「やめられない」「問題ばかり起こる」という話を聞いて、昔のことを思い出して、自分が通ってきた道を確認するわけです。

「自分もああして否認していたな」「でも、そういうときって寂しかったよなあ」って。それは、渦中にある人を突き放して見ているわけではなく、常に新しいメンバーの話を聞きながら、自分のことを見つめること、今日、はまっていないということを確認することでもあるのです。今までしてきたことを悔やんでいるだけでなく、今持っているものや、今できていることを大切にして、苦しみの渦中にある人に思いをはせるということもあります。

たとえ今日、離婚が決まったとしても、子どもが交通事故にあったとしても、親が死んだその日であっても、アルコールを飲まず、薬物なども使わず、ギャンブルもせずに過ごせさえすれば、それだけでＯＫなんです。物事が解決していなくても、まずはＯＫなのです。

わたし自身の経験ですが、「どうしよう、こんなことやっちゃった」と思って深く落ちこんでいるときに、ある人から電話がかかってきて、彼女からもわたしとはまた別の「こんなことやっちゃった」という話をされたことがあります。そうすると、「そんなことはだれでもやるよ」と相手に言いながら、結局は自分が救われているのです。依存症の中では、「こんなにひどいこと」ということは存在しないんだ、と思いなおして、仲間と会って話したり、ミーティングに行ったりするんです。

――どうしても理解できない人がグループの中にいることもありますか。

わたしは手首を切ったことがないから、何度も手首を切る人のことはよくわからない。「なんであんな痛いことするんだろう」と思うんです。それで、わかるわけない、と思っていても、あるとき、その手首を切る状況とか、ことばではなくて、その気持ち、その人の寂しい気持ちとか、つらさとかが、わかることがあります。にっちもさっちもいかなくて切ったんだなあ、と。それさえわかれば、自分も孤独だった日と重なってきます。

――いつしかこころの痛みがとれるということがあるのでしょうか。

昔はこころの痛みがとれると思っていましたが、痛みはとれるものではないような気がします。小さくなるだけということのようです。それまでにかかる時間は、本人が思っている以上に長くかかるようです。それを一人で歩むか、みんなと分かちあいながら歩むかというちがいでしょうか。

自助グループに行くと、知りあいができて、その後の生活が楽になります。いっしょに買い物に行ったり、食事をしたり、子どものことを相談したりという仲間ができる。そこには生活があるのです。依存症から回復していくあいだにも生活はつづいていくのだから、不安定な毎日の中に仲間がいることは、ほんとうに力強いことなのです。本人が安定してくると、不思議とつきあうパートナーに穏やかな相手を選ぶようになるということもしばしば起こることです。

――何をもって依存症からの「回復」と呼ぶのでしょうか。

わたしはいま「依存症からの回復者」ということになっていますが、じつは、どこからが回復者で、どこからが回復者ではないと線を引くことはできません。アルコール、薬物などをやめて二十一年になりますが、わたし自身、「アルコールをやめる」「薬をやめる」と宣言してここまで来たわけではないのです。いまだに「やめる」とは決めていない。ただ、「ミーティングに行く」ということだけは、わたしが選んで決めたことです。12ステップを実践していくことで、次から次へと依存症をわたりあるくのではなく、あらゆる依存症からはなれていられるようになるのです。

はじめにミーティングに参加するようになったときには、「わたしはアルコールも薬もやめることはできない。だけど、やめた人といっしょにいたい」と思っていました。だからミーティングには行こう、と。それでも、今日はミーティングに行こうか行くまいか、明日は休もう、ミーティングの帰りには、「もうやってしまう」と、いつもいつも迷ってしまう。しかし、ミーティングに行くと何か気づきがあったり、仲間に「よく来たね」と言ってもらえたりして思いとどまってしまう。そんな毎日の積み重ねでした。わたしは二十一年たって、このことを仕事にしてしまったけれど、そのことの危うさもあります。だから、自分が閉鎖的にならないように努めています。こころを閉じやすい依存症者としては、ときとしてとてもむずかしいことですが。

――自助グループは何をめざしているのでしょうか。

はじめてミーティングに来たときには、みんなほぼ同じように、「なんで（アルコールや薬やギャンブルを）やめなきゃいけないの？」「他人には関係ない」と言うんです。聞いている仲間は、そのように言う人を見て「わたしも昔はああだった」と思う。しかしそれは決して、冷めた目で「そのうちわかるわよ」と見下すような気持ちになるのではなくて、「自分もあんなふうだったけれど、よくここまできた」「自分では何も変わっていないと思っているけれど、少しは変わっているのかもしれない」というような、懐かしいというか、とても落ちついた気持ちになります。

自分の状態によっては、ビギナーのことを見て、あるいはその話を聞いて、動揺したり怒りを覚えたり、その人の話をどうしても聞きたくない、受けいれられないということもありますが、ビギナーの話を客観的に聞けるようになると、少しだけ余裕が出てくる。つねに自分が来た道を確認しながら進むことができるということが、大きな力にもなります。

新しいメンバーが入って、「また同じような人が来て、同じようなことを言っている」ということにはなりません。自助グループは、何かを積み上げていって、ある完成されたものをつくりあげることをめざしているわけではない。そのような意味では、会社や組織、運動体というものでもありません。いつでも新しいメンバーを迎えながら生成しているのです。

やはり、自助グループに参加しながら、ふつうの生活をつづけること、そのことで安心を手に入れられるということが大きいと思います。これからともに歩む仲間ができることは、やはり素晴らしいことです。

おわりに

鼎談終了後、キャンベルさんと写真を撮った。その後、わたしは言い出そうかどうかためらっていた。じつは、いちばん聞きたかった質問があったからだ。

「カウンセラーとしてのわたしはどうでしたか」

それに対して彼女はにっこり笑って、即座に答えてくれた。

「率直な方ですばらしい」と。

いささかのお世辞もあっただろうし、もちろん社交辞令もあっただろう。しかしわたしには、なによりうれしいことばだった。どこか有頂天になってしまい、長時間の鼎談の疲れなどふっとんでしまうほどだった。


本書は、これまでよく知られずにいた自助グループについてのかっこうの案内書でもある。自助グループとは当事者たちが形成しているグループである。

「クライエントとお友だちになりますか」という質問を受ければ、「ノー」と答える援助者がほとんどだろう。でもわたしは「イエス」と答えるだろう。それほどわたしと当事者たち、自助グループとの関係は大きい。

アルコール依存症にはじまるアディクション（嗜癖）は、自助グループ、当事者のグループを抜きには援助を語れないというのがいまや常識である。上岡さんとはすでに何度も対談しているし、彼女以外にも友人と言える当事者は男女を問わず多い。そのことと、わたしがカウンセラーであることは抵触しない。もちろんそこには双方の微妙な距離があり、回復したひとほどその距離が絶妙であることもたしかだ。

当事者である人との交流において、いつの間にか態度として身につけてきたことは、「率直であること」だった。どうとりつくろっても、これだけのわたしでしかない、という率直さである。そして援助者であるわたしが存在し得ているのは、あなたたち当事者からの支持があってこそである、という姿勢である。キャンベルさんはそこを評価してくれた。だからどんなことばよりうれしかったのだ。

昔から薮《やぶ》医者は患者がいなくなり閑古鳥が鳴いたものだ。わたしたちの仕事も、いくら偉い先生のお墨つきがあったとしても、クライエントの評判が悪ければ市場原理にしたがっていずれ淘汰されていくだろう。つまり当事者からの評価がなにより大切なのだ。自助グループのメンバーからの評価はもっとも厳しいわたしたち援助者への評価である。

わたしは、当事者とおつきあいすることで援助者としてのスキルを磨いてきた。専門家集団における淘汰など、当事者からの目にさらされることに比べればなんでもないと思えるほどだ。

前書きにも記したが、性的虐待についてこれほど率直に語られた内容はめずらしいだろう。ひとえにこれは、アミティのメンバーであるキャンベルさんたちに負うところが大きい。彼女たちは自分と同じ苦しみを経験してきた日本の女性たちに向かって、「わたしだってこうして生きているのよ」と力づけ、勇気づけるために語る。それがどれだけ衝撃的な内容であろうと、長年にわたり仲間の中でみずからの感情や経験に名づけることをつづけながら練り上げられてきた物語であるからこそ、読む人たちには希望のことばとして受けとめられるだろう。そうあってほしいと願っている。

上岡さんは「信田さんって、ヤクザだから好き！」とわたしを評してくれた数少ない友人である。そして依存症の女性回復者として名実ともにわが国のパイオニア的存在である。依存症の世界においても女性への差別があることを実感したときはかなりのショックを受けたが、そんなわたしは甘かったとしか言いようがない。彼女はそれを直視しながら回復者として生きぬいてきた人だ。そして会うたびに、今でもわたしに貴重な視点、刺激を与えつづけてくれる。そうだ、いちおうプロなんだからがんばらなくっちゃ、とわたしは襟を正すのである。

思い返せば、昨年の冬のある日、都内でわたしがＤＶについての講演を終了したあと、上岡さんが近づいてきて言った。

「信田さん、今度、アミティのシャナ・キャンベルさんといっしょに対談しない？」

その場に居合わせたのが本書を編集していただいた春秋社の平野麻衣子さんだった。あの日、上岡さんと平野さんが居合わせなければ、この本は生まれなかっただろう。幸運な偶然が重なって本書は誕生した。

坂上香さんは、ドキュメンタリー作家として作品を通してアミティを日本に紹介されたさきがけの一人だ。そしてわたしに「信田さんだって男社会の立派なサバイバーじゃない」と当事者性を付与してくださった。このうえなくうれしいことばだ。彼女が通訳の労をとってくださったことも、鼎談が密度の濃いものになった大きな要因だと思う。

ほんとうにありがとうございました。

最後にアメリカにいるシャナ・キャンベルさんにお礼を述べたい。

ありがとうございました。また会いましょう。

二〇〇四年八月

信田さよ子

被害と加害をとらえなおす

〈対談〉信田さよ子×上岡陽江

編集部注：本書は、『虐待という迷宮』（春秋社、二〇〇四年）を増補し、改題したものである。二〇一九年六月二十七日に行われたこの対談は、刊行当時をふりかえり、虐待をめぐる状況の変化について語ったものである。

ここ十五年の変化

信田　『虐待という迷宮』は十五年前に出た本です。当時あまり売れませんでしたね。テーマが早すぎたんでしょう。

上岡　当時、この本をテーマにしたセミナーのチラシに、「被害と加害は分けられない」と書いたら、批判がすごかった。結果的には四百人がセミナーに来てくれましたが、被害者であり加害者でもあるという状況が、一般にはわかってもらえなかったんです。被害者は一般的な被害者像のままでいるのが当たり前と思われていました。けれど、彼女たちは傷ついているからこそ、暴力をふるった相手にいつかやり返してやる、殺してやりたい、という思いも抱えています。それって当然ですよね。なかにはテレビで殺人事件のニュースを目にすると、容疑者に自己投影する人もいます。

当事者と支援者にとって、被害と加害は完全には分けられません。受けた暴力が重いものであればあるほどそうです。「ダルク女性ハウス」とつながりがあるのは、親や夫から暴力をふるわれている人ですが、なかにはDVや家庭内暴力をやりかえしたりしている女性、兄弟や年下の子どもに暴力をふるっている少女が多くいました。彼女たちは自分がひどい目にあっているのに「被害者だと言ってはいけない」「兄弟（年下の子ども）を殴っている自分は加害者だ」と認識しているんです。

ダルクを運営してわかったんですが、薬物依存症の女性のだいたい八十五パーセントが暴力の被害者です。じつはこれは海外でも同じ。暴力の被害を受けている女性の割合は八十五～九十パーセントなんですよね。これほど多くの人が依存症にかかわる問題、暴力の被害と向き合わざるを得ない状況で生活していることは、あまり知られていません。私は二〇一二年に『生きのびるための犯罪《みち》』（よりみちパン！セ、イースト・プレス）という本を出しましたが、そのなかで加害者とよばれる人たちは被害者でもあると書きました。薬物の所持や使用などで逮捕され、刑務所生活を送る人たちは、暴力を受けて心身に痛みをもっている場合が多いです。助けてくれる人がいなくて行き場をなくした末に自殺未遂する人、親の虐待から逃げるなかで別の暴力に会う人……。とくに女の子は、家出して風俗で働いて、そこで出会った男の人に殴られたりしている。そして、当時そういう女性たちを受け入れる場所はほとんどありませんでした。

彼女たちはなぜ依存症を抱えているのか。それは、子ども時代、けがをしたり具合が悪くなったりしたときに、病院に連れて行ってもらえなかったからです。親に助けてもらえないばかりか、殴られてしまう。それで仲間うちにあった覚醒剤で痛みを止めるうちに、依存症になった人がかなりいます。家族以外の身近な人から暴力を受けた場合も同様で、助けてもらえないばかりか、つらい思いを誰にも言えず、売薬依存（市販薬に依存すること）になってしまった人もいます。

でも、世間はそういう背景を聞きたがらない。薬物依存は犯罪とされているから、受けた暴力について語ろうとしても、「犯罪者が被害者だなんて、どういうことだ」と非難する。「加害者なんだから加害者らしくしていろ」という反応があって、この本を出した時、命を狙われるんじゃないかという怖さがありました。

信田さんは、『虐待という迷宮』から十五年後に、『〈性〉なる家族』（春秋社、二〇一九）を出されましたね。この本で、加害をきちんと研究しないと被害を防ぐことはできないと指摘しています。被害者であり、なおかつ何度も刑務所に行っているような人たちは、被害と加害の両方の側面を見ることを私たちに望んでいます。両方が見えないと、被害者を助けられないんですよ。このことをちゃんと書いてくれて「ありがとう」という思いです。こういうふうに被害と加害について書けるようになるまで、これだけの時間がかかったんですね。

信田　『〈性〉なる家族』は、家族における性の問題、とくに性暴力と性虐待（近親姦・インセスト）を多く扱っています。この問題はものすごくタブー視されていますし、書くのが難しい。ともすればマニュアル的になってしまう懸念もあります。児童相談所の職員は性虐待を発見したらすぐに子どもを分離・保護して、加害者である父親と話をして……というマニュアルや啓発も必要ですが、その手前で見過ごされるものがたくさんあります。

さらに、世間の見方が一面的なことも壁でした。「あの娘、父親からあんなことされてかわいそうに。一生が台無しだよね」と情緒的に反応して、それで終わり。そういう社会にむけて書いたところで、なんの解決にもならないと思っていました。

陽江さんは、「被害者は一般的な被害者像のままでいるのが当たり前と思われていた」とおっしゃいましたが、私はこれを「被害者のフォーマット化」と呼んでいます。被害者を鋳型におとしこんで、分かった気になったり、被害者支援をしたつもりになったりしている状況にずっと警戒感をもっていたし、抗うことの難しさも感じていました。だから性の問題は機が熟すまでは書けなかったんです。

上岡　私自身はアルコール依存・薬物依存（処方箋薬依存）で、摂食障害の当事者です。依存症をもつ仲間と一九九一年にダルク女性ハウスを作って、今年で二十八年になりました。立ち上げ当初、薬物依存の人たちから電話が欠かさずかかってきましたが、それが全部、性虐待の被害の話でした。なんで依存症の施設をつくったのに、毎日私は性虐待の話を聞いているんだろう？　と、すごく不思議でしたね。そのころは、父親から性虐待を受けたと訴えても、ファンタジーだと言われたり、訴えた側が精神科病院に入れられたりした時代。だから声を受け止める場所がほかになかったんですね。

信田　そうですよね。一九九〇年ごろだったと思いますが、日本心理臨床学会で、性虐待にまつわるシンポジウムがありました。教育心理学者の村本邦子さんが父親からの性虐待について報告したら、高名な精神分析家の女性がフロアから質問したんです。「それはファンタジーじゃないですか？」って。次の瞬間、会場から拍手がわいた。

会場にいた私は思わず絶句して、固まってしまいました。

上岡　そうそう、そういう時代だった。

信田　こういう考えが何に由来するのかといったら、フロイトでしょう。フロイトは一八九〇年代にウィーンで男性や女性のヒステリー患者を診ていたのですが、全員が幼児期に性虐待を受けていました。そのことが症状を引き起こすとする「誘惑理論」を発表したのですが、一年後にそれらを幼児性欲による空想（ファンタジー）だと訂正したのです。この点が、約百年後に、フロイトによる性虐待の否定としてスポットライトを浴びることになったのではないでしょうか。当時学会にあつまった心理臨床の専門家の多くが、フロイトのファンタジー説を信じていたのだと思います。

上岡　性虐待は触れてはいけない話題だったんですね。

信田　そうなんですよ。でも、遅々としたものではありましたが、この十五年ほどで性虐待の問題が専門家に広がったということは言えるでしょう。一九九〇年の段階で、家族で膨大な数の性虐待がおきていることを知っていた援助者は少なかった。わかっていたのは、フェミニストカウンセラーとアディクション（嗜癖）の援助者ぐらいではないでしょうか。斎藤学さん（精神科医）、平川和子さん（性暴力救援センター「SARC東京」理事長）、遠藤優子さん（嗜癖問題のカウンセラー）とか。

上岡　それから、信田さんもね。安心して事実を話せる相手はそれほど少なかった。ダルクもその数少ない場所の一つでしたから、日本中で私を待っている人がいました。路上で待ち伏せされたこともあります。親族に「『あなた、上岡さんの弟？　お姉さんと話しがしたい』と頼まれた」と言われたときは驚きましたね。お金があろうとなかろうとすべての場所に被害を受けている女性がいたんです。

　ダルクを立ち上げた一九九一年当時、支援する側が思う望ましい回復像、望ましい生活を、被害者のすべてが求めていたわけではありません。一人ひとりがちがうことを考え、抱えている物語もちがえば何を大切にしたいかもちがいました。そのことに気がつくのに十五年かかりました。

記憶をめぐる論争

信田　性虐待について語るには、社会的な動きを知ることが重要です。

　まず一九九六年に日本でＡＣ（アダルト・チルドレン）ブームが起きました。ＡＣは、短くまとめれば「子どもは親の被害者である」ということを初めて主張した言葉でした。被害の中には身体的虐待や、わかりにくい「愛情という名の支配」に加え、性虐待も含まれていました。おそらくこのような被害を受けた当事者からの発言やメッセージがインターネットやメディアを通して広がったことも影響して、二〇〇〇年に虐待防止法が施行され、二〇〇一年にDV防止法ができました。

それから、あまり知られてはいませんが、二〇〇三年に矢幡洋さんと私のあいだで論争がありました。矢幡さんは『「賢治」の心理学——献身という病理』（彩流社、一九九六）という、我が身をなげうって奉仕する行動を嗜癖の視点で分析した素晴らしい本を書いた臨床心理士です。二〇〇三年にその彼が、『危ない精神分析——マインドハッカーたちの詐術』（亜紀書房）を出したのでびっくりしました。帯の「AC、虐待、トラウマ、全部うそです」というような宣伝コピーを目にして、本を読んでみたら、いよいよこれはまずいと思いました。被害をやっとの思いでカムアウトした人たちへのバッシングにつながるのではないかと危惧しました。

この本は、アメリカで起きた「虚偽記憶（フォールス・メモリ）論争」を念頭においています。一九八〇年代にアメリカで流行したポピュラー心理学、自己啓発系心理学の本のなかに、女性の神経症の背景には性虐待があるという説をとくものがありました。当時、そういった本に影響されたフェミニストカウンセラーたちが、催眠療法で女性クライエントに性虐待経験を思い出させて治療をすることがあり、その結果クライエントが加害者として父親を訴えるケースが相次ぎました。これに対して、家族擁護団体が「フェミニストカウンセラーのせいでありもしない性虐待が捏造《ねつぞう》され、家族が崩壊する。けしからん」と言い出して、デモ隊がフェミニストカウンセラーのオフィスに押し寄せるまでの事態になりました。この顛末については、社会学者のダイアナ・E・H・ラッセルが書いた『シークレット・トラウマ――少女・女性の人生と近親姦』（ヘルスワーク協会、二〇〇二）に詳しいです。矢幡さんは、記憶が捏造されて、ありもしない虐待で男性、父親が犯罪者にされることが日本でもおきてはいけないから、『危ない精神分析』を書いたと主張しています。この本が出た当時、日本で性虐待のことはまだそれほど語られていませんでしたから、「捏造か否か」という議論は早すぎだろうと私は思いました。

そんなこともあって、本書の批判を雑誌『論座』に書きました（朝日新聞社、二〇〇三年十二月号）。その次の号で、矢幡さんがそれに対する反論を載せましたが、その後『論座』が休刊になって私は再反論を書くことができなかったという経緯があります。

ちなみに、一九八〇年にアメリカでフェミニストカウンセラーを攻撃した団体をバックアップしたのはどういう人だったか知っていますか？　アメリカの認知心理学者のエリザベス・ロフタスという人で、彼女は虐待記憶を専門としています。一九九二年から始まったボスニア・ヘルツェゴヴィナ紛争で、サラエヴォに侵攻したセルビア兵たちは女性たちをレイプし、妊娠六ヶ月になるまで解放しませんでした。自分たちの血を残すために中絶させまいとしたのです。ものすごくグロテスクです。後に国際法廷がひらかれたのですが、加害側の擁護にまわったのが、やはりロフタスだったのです。この国際法廷でも記憶が争点になり、性虐待は虚偽記憶だという説が展開されました。

上岡　うわあ……。

信田　虚偽記憶は、あらゆる虐待、特に性虐待についてまわります。第三者委員会が加害者側に荷担して「そんなことはなかった」と結論づけることが今も起きていますね。

性虐待はもっともプライベートに見えてもっとも政治的な問題でもあります。性の問題は力関係によって左右されるんですよ。性という一番閉ざされた私的なことがらや家族の秘密が、政治や国家の暴力につながっていることは、意外に指摘されないままになっています。戦争は最終的には敗戦した側をレイプすることで終わるように、性の問題は戦争の最後の下支えになっている。家族の力関係をみても、最も弱い少女（少年）が性虐待の被害を受けている。どちらにおいても構造は同じです。

記憶の問題もまた大きいです。被害は記憶ととても密接にかかわっています。記憶は極めて個人的なものだと考えられがちですが、実は社会の動きに大きく影響されます。セクハラという言葉が社会に共有されることで、初めて自分の被害を想起する人も多いのです。しかしそれらを客観的な資料や証拠として数値化することはできません。だから性虐待、性暴力の証明は難しいのです。さらに日本にはもともと性被害という概念はありませんでした。「身持ちが悪い」「隙があった」「娘が父親を誘った」と、被害者が糾弾されるだけでした。二〇〇〇年に、虐待防止法によって性虐待の被害が初めて公認されたと言えます。

ではどうすればよいか。カウンセラーとしての私の基本的態度は、被害者の言葉をとにかく信じることです。たとえそれが嘘だとしても、信じる。

上岡　なるほど。二十年来つきあっている被害者の女性たちと当事者研究をやっているのですが、被害を受けた時のことを本人が思い出せないこともあります。記憶がとんでいるんです。でも私や施設関係者はなぜ彼女が施設にやって来たのか覚えている。過去を覚えている人がまわりにいないと、過去とつながることができない人がいるのは事実です。でも、ダルク女性ハウスのスタッフに「話をみんなで聞いていて、記憶が錯綜しているとわかった時、どうしている？」とたずねたら、答えは「とにかく信じる！」でした。

信田　そういう話しをすると、「科学的な態度で証明しろ」とか、「支援者は中立・客観的であるべき」とか言う人がいるんですよね。私には中立なんていらない。客観もいりません。最初からほしいとも思わない。それで不都合なことはなにもないから。私が中立を捨てることでよかったといってくれる人がいれば、それでいいです。

上岡　私も、当事者として支援者として現場にいると、「客観性が必要」とか言う人に会います。そういうとき、心の中で「地獄に落ちろ」と毒づいています（笑）。

責任をとるとはどういうことか

上岡　ところで、信田さんは、「被害者のフォーマット化」問題を指摘しているけれど、性虐待・性暴力の加害の責任の取り方についてはフォーマットが必要だという立場ですよね。

信田　そうです。男性はマジョリティの性ですが、彼らは自らが特権をもった多数派であることを普段は意識していません。空気のように当たり前になっている。だからこそです。

上岡　『〈性〉なる家族』には、娘に性虐待した父親がカウンセリングにやってくる描写がありますね。この男性は自分のしたことをなんとも思ってない。読んだとき私、気持ち悪くなってしまったんです。ダルクで毎日被害者からひどい話を聞いているこの上岡をして、一瞬ためらわせるものがありました。

信田　家族なんだから、自分の娘なんだから、かわいいと思ってもいいじゃないか。おっぱいを触ってもいいじゃないか。そんな思考で、特別なこととはみじんも思わず行為におよぶ。「今日の夕飯はサンマだった」という程度の認識で触っていると思わざるをえないのです。彼らは、被害者が「これは暴力です」「虐待です」と言わなければ、ことの重大さを認識しようとしません。よく言われることですが、被害者は、被害の記憶を十年、二十年、あるいはそれ以上の長いスパンで持ち続けます。加害者はそもそも自分のしたことを加害だと思っていませんから、触ったことなど一時間もすれば忘れてしまうのではないでしょうか。ここに圧倒的な非対称性があります。

社会学者の岸政彦さんが、哲学者の國分功一郎さんとの対談（『現代思想』二〇一七年十一月号）で興味深いことを言っていました。「マジョリティは加害者としてしか現れない。突然、お前には責任があるのだと、名指しされる、という経験を通じてしか、マジョリティとしてそこに存在することができない」と。自身がマジョリティだと意識することがあるとしたら、それはマイノリティからつきあげを食らったときです。「あなた、男でしょう」と糾弾されてはじめて、「そうか、自分は男なのか」「俺は性虐待をした父親、痴漢したやつらと同じ性なのか?」と立ち返るんですね。そうやって突然加害者にさせられることは受け入れがたい。男に生まれただけで無限責任を負わされるのではないか、そんなの理不尽だ、という恐怖がネトウヨになっていく背景にあるんじゃないかと岸さんが指摘していて、とても納得しました。

彼らをそのままにしておけば、フェミニズムバッシングや痴漢冤罪に端を発する事件が増えるかもしれない。だから岸さんと対談する機会があったとき、こうやったら責任がとれるというフォーマットを加害者にある程度示すべきではないかと話しました。彼らは心底悪かったとは思っていないでしょう。でもたとえ身振りだけであっても、「これは自分がやったことです。これが責任をとるということです」と認めて行動するための、言ってみればお能の「型」のようなものが必要ではないか。それを誰かが提示しないといけないんだと。この考えについては賛否両論あるでしょうね。岸さんもあまり納得できないみたいだったけど。

個人的な問題の背景にある社会構造

上岡　この五年くらいの間、暴力をふるっている男性の話も聞くようになりました。彼らのなかにはDV被害を受けたり、当たり前のように父親が母親を殴っていたのを目撃したりしてきた人もいます。「自分が暴力をふるっていた頃、俺は人間じゃなかった」「その後自分はこういうふうに変わっていった」と話してくれる人もいますが、そういうケースは珍しいですね。

　加害の記憶をなくしているケースってけっこうあるんですよ。ダルク女性ハウスで当事者研究をしている女性のなかには、加害行動の経験をもっている人がいるんですけど、ＰＴＳＤのような状態というか、記憶がとぎれているのではないかと思うようなことがあって。だから、「加害者クラブ」というのを作ったんです。

信田　「クラブ」っていうのがいいですね（笑）。

上岡　はい。被害者にとって暴力を受けたのはとても大きなことだから、ちゃんと思いだそうという試みです。

信田　加害トラウマというのがありますよね。相手を殴ってしまった、傷つけてしまったということで、自分も衝撃を受けてしまうのです。被害だけがクローズアップされるのですが、加害の記憶もまたトラウマとなって長く影響します。

上岡 そう。本当に記憶をなくしている可能性があるのですが、暴力をふるった現場を通るとなぜか気持ちが悪くなったりする。「だから落ち着かなくて薬やお酒を飲むんだ」と言う人もいるんですよ。被害者からすれば「くそったれ、ちゃんと思い出せ！」と言いたくなるような話しですけれど。

お酒や薬を絶対やめない人に会うと、背景に何があるのだろう？ と考えます。これは加害ではなく、被害を語ることがいかに難しいかという話なのですが、処方薬の依存歴三十年という男性がいます。彼が「俺は絶対薬をやめない」と言い続けるのを聞いていて、あるときふと、この人は虐待の被害者かもしれないと思いました。あとになって、性虐待を受けていたとわかりましたが、そのとき、なんでもっと早く気がつかなかったのかと自分を責めました。ダルクは性虐待の被害女性を支援してきました。だから彼が女性だったらもっと早く気づいたはずなんです。男性にも被害体験があることは知っていたけれど、リアルにその存在を実感したのは、やはりダルクを初めて十五年くらいしてからのことだったと思います。

私自身は、アルコール・薬物依存症で三十五年前に自助グループにつながりました。

自助グループは言いたいことを言える場ですが、そのころグループに来ていた男性が一番言えなかったことはなんだと思いますか？　それは母親から受けた性虐待です。戦争で母子家庭がふえました。敗戦から約四十年がたっても、息子が被害を語るのは大変なことだったでしょう。

時代とのかかわりということで言えば、彼らの上には戦争を知っている世代がいます。日本は第二次世界大戦の痛手をアルコール依存で乗り越えたと言われます。これは、東北会病院院長の石川達先生に聞いた話ですが、トラウマ研究で有名なヴァン・デア・コークという精神科医が、東日本大震災のあと仙台で救急隊員、消防士、自衛官、警察官などにむけて講演をしました。そのとき、第二次世界大戦のことを念頭に置いて、「あなたたちのおじいさんの世代で、突然キレたり、暴力的になる人はいませんか？　復員したあと、怒ったり、アルコール依存症になったりした人は？　そういう人がいたら、手を挙げてくれませんか？」と問いかけたそうです。会場にいた人たちはどういうことかわからなかったようですが、石川先生はよく理解できる話だったと言っていました。ケアをする側には心当たりがあることなんです。

信田　私は七十年代に精神科病院に勤めていたんですが、入院しているアルコール依存症のおじさんたちからよく戦争の話を聞きました。「酒が飲めなかったんだけど、満州で酒を覚えてアル中になった。日本に帰ってきたあと、女房を殴って息子を虐待しちゃってさ。結局一人になっちゃったんだよね」と言う人が、いっぱいいたんですよ。加害者と被害者という個人の問題の背景にはもっと大きなものがあります。彼らの依存症は戦争被害と関係していたということが、当時の私には見えていなかった。

上岡　それは語られない歴史ですよね。ほかの人たちは、アルコールを飲んで働いて働いて働くことで戦後を生きのびていたから、「おれたちはこんなに頑張っているのに、なんでお前はアル中なんだよ」という気持ちがある。そんな社会で弱さを語ることはできないですよ。当時、アルコール依存症の人を支援するソーシャルワーカーですら、お酒を飲まない人の方が圧倒的に少なかった。

信田　アルコール依存症の援助者たちの学会ですら、お酒を飲んで「徹夜集会」などというものをやっていたんですよ。さすがに十年前に廃止されましたが。日本の断酒会は、一九五八年に高知県断酒新生会が結成されたのを出発点としています。でも、この時点では一切「戦争被害」という言葉は聞かれないんですよ。

中村江里さんの『戦争とトラウマ――不可視化された日本兵の戦争神経症』（吉川弘文館、二〇一八）という本があります。第二次世界大戦で精神を病んだ兵士にまつわる本です。戦争神経症をわずらった兵士を、日本軍はヒステリーを指す「臓躁病」という病名をつけて日本に送還し、専門の病院に入院させました。彼らのなかには病院で一生を終えた人も少なくありません。家族のもとに戻ることのできた人たちの多くは、妻や子に暴力をふるいました。敗戦時に、病院は入院患者の記録を破棄するように命じられ、戦後もその存在はひた隠しにされました。NHKのETV特集『隠されたトラウマ――精神障害兵士8000人の記録』（二〇一八）という番組が放映されたので、戦争神経症の兵士について知った人もいるかもしれませんね。

戦争そのものの暴力性もあるけれど、日本軍内部の制裁、リンチの問題が大きかったといいます。一部の人はあまりにも激しい暴力のために、戦火を生きのびたにもかかわらず、悪夢に悩まされヒステリーで動けなくなりました。それが軽快したら、こんどは生き残った自分を責めつづけるという……。

彼らの存在が隠されてきた事実と、断酒会の結成時に戦争被害という言葉が存在しなかったことは、私には同じことのように思えます。戦争被害を認めないのは、たぶん戦後民主主義を掲げることで経済成長を信じて前向きになるという、社会全体の意志だったと思うのです。

上岡　なるほど。一九七〇年代、八〇年代、アルコール依存症だった男性たちは、今のアルコール依存症の人とはちがいます。生きたくないから酒を飲んでいた。だから絶対やめようとしないんです。彼らはヒリヒリするような印象でニヒルでしたね。戦争の影響があったかもしれません。

依存症関連の会以外の場所で講演するときも、アルコール依存症の父親をもった方が来ていることがあります。三十五年前の私の話を聞いて、「父は私とコミュニケーションがとれないまま亡くなりました。父のことをどうしようもない人間だと思っていたけれど、あれは社会の問題だったんですね」と、号泣する方がいました。

信田　何かの本で読んだ記憶があるんですが、日本の軍隊があれほど暴力まみれだったのは、日清・日露戦争のときに、農村から戦闘経験のない人たちを集めてきたからだという説があります。軍隊がどういうものかをまったく知らないため、不満がたまると下の者を殴ったり蹴ったりする。日本の近代国家の中央集権的な軍国主義は、暴力を受けた者が下の者に暴力をふるうことでできあがっています。その苦痛が精神力と戦闘力を高めるという信仰もプラスされて、今に受け継がれているのではないか。暴力って学習なんです。暴力を見てこなかった人は暴力をふるいません。

上岡　そうなんですよね。

法整備と加害者プログラム、支援者の変化

上岡　社会的な影響ということでいえば、法律も大きく状況を変えました。私は自助グループ活動をふくめて三十五年間、刑務所を出たり入ったりしている女性たちと会ってきました。出所しても暴力をふるわれるから親元には戻れない、面倒をみてもらうためにやくざのもとを出たり入ったりしている、そんな人たちです。

二〇〇七年に、明治四一年にできた監獄法が廃止されたことは大きかったです。それまでは、刑務所から連絡をとろうと思っても親族三親等しか認められませんでした。信書発信の自由なんてなかった。

そこでどんなことが起きていたか。刑務所にはやくざを手配する人がいます。彼女たちはその人の口利きでやくざと仮の結婚を刑務所でするんです。そして出所したら、やくざにお金を払って面倒を見てもらう。面倒を見てもらうというのは、つまりすぐに売春させられるということですね。そういうかたちでしか女性は助からなかった。これ、ほんの十二年ほど前の話ですよ。刑務所からSOSを出せるまで約一〇〇年かかりました。

支援施設に連絡できるようになって、ダルクが彼女たちの身元保証人になれるのは大きいことです。最初は薬をやめるつもりがなくても、とりあえず手紙のやりとりができて、回復のための施設を見に来てもらうことができる。ダルクの「お得意さん」は、障害があって学校でいじめを受けてきたという女性、家族から暴力を受けてきた女性ですが、そういう人たちがみんなでどうやって生きていくか話をしている。その場に居合わせることから始まるものがあるんです。

法務省も方針をかえつつあります。刑務所で罪を償わせるだけではなくて、再犯を減らそうと方向転換して、二〇一六年十二月に再犯防止推進法が公布・施行されました。再犯してほしくないのは当たり前。ところが刑務所のなかでは更正・再犯防止という意識がそれまではなかったんですよね。

信田　そうですね。新しい法律の流れのなかで、いろいろなプログラムも生まれましたし、実施もされていますが、実際にどのような効果があるのかは今後検証の必要がありますね。加害者の再犯防止についての議論はまだまだこれからです。

ところで、カナダでは、被害者共感が逆効果になるというデータがあるんですよ。被害者がどんなに苦しんでいるかを知ると、再犯率が上がる、みたいな。

上岡　ええっ！

信田　彼らは被害者の苦しみを知れば知るほど絶望的になり、そのことが却《かえ》って新たな加害につながってしまうのでしょう。自らの犯した罪の重大さに耐えるのがどれほど困難かということを表しています。彼らに対して、よりよい人生を送るにはどうすればいいのかというそれなりの希望を与えつつ再犯防止を図るというのが、今のところ最も効果的ではないかと考えられています。ＤＶや虐待といった暴力の被害者が長く苦しみを抱えていることを加害者は知らない。それなのに、被害者共感をプログラム化すると再犯率が上がる……。それでも、こういう複雑な側面が知られるようになったことは、被害者支援の成長でもありますし、この十五年の変化といえるのではないでしょうか。

上岡　ようやく被害を信じてくれる人たちがでてきたし、治療のグループに加わる良心的な精神科医もあらわれました。どうやって被害者を治療しているのか、記憶が飛んでいるときはどうしているかといった情報をやりとりできるようになったことは大きいです。よい精神科医は、精神科もほかの科と同じようにチーム治療であるべきだということをわかっているんですね。医者は医者の領分で、私は私の領分で、臨床心理士は臨床心理士の領分でちゃんと話し合えることができてよかったなあと思います。

一般的な加害者像・被害者像にとらわれることは、当事者にとっても支援者にとってもよい結果を生まない。これからはそのことが共有されていってほしいです。暴力の被害を受けた人のなかにも加害者性があり、暴力をふるった人のなかにも被害者性があります。一人の人間がもっている両方の側面を直視しなければ、本当の意味で暴力の苦しさを乗り越えることはできないんです。先ほど加害者クラブの話をしましたが、自身の加害の記憶と向き合う作業は、被害者自身にとっても有効なんです。

新しい言葉、新しい視点を

信田　私の場合、アディクションの自助グループが生み出した言葉からいろいろなヒントを与えられてきました。「底つき」(「自分が今酒をやめられているのは、あの時底をついたからだ」とする考え)とか「イネーブリング」(酒をやめさせるために世話を焼くことが逆に飲酒問題を悪化させる)とか、これらは専門家が作ったものではないですよね。当事者の言葉が広がってきたことが、ここ十五年のもうひとつの大きな成果ではないでしょうか。

上岡　信田さんは言葉を大切にしていますよね。そして、私たちが言葉を大切にすることを手助けしてくれもする。

信田　精神療法の世界でも、本質がわかっている先生は、言葉を大切にしなさい、自分が納得できる言葉を使いなさいと言います。言葉のトレーニングをさせるんですね。

私は「被害者」という言葉はじつは危険だと思っています。「被害」は基本的に法律の言葉。被害と一言でいっても虐待の被害者は交通事故の被害者とはちがいます。暴力が繰り返され、被害を受け続けなければならない環境にいます。それでも生きのびるために、いろいろな工夫をしてきているんです。被害という言葉はそういう過酷な実態をくみとっているだろうか？　という疑問があります。「サバイバル」も似ている気がします。あまりに使い古され、雑な使われ方をしているんじゃないでしょうか。被害者をもっと分節化する言葉を作らなくてはいけません。

北米の被害者を支援する人たちは、「レジスタンス」という表現に注目しています。日本語だと「抵抗」と訳されるので、原語の格好いいニュアンスが消えてしまうのですが、「その人なりに生きていく力」、被害者の能動性という視点があるいい言葉だと思います。こういう表現を大事にしていきたいです。

上岡　そうですよね。

信田　暴力は複雑です。残念なことに、暴力を生きのびる一番の方法は、自分が暴力をふるう人になることなんですよね。『母が重くてたまらない』（春秋社、二〇〇八）に書きましたが、娘にひどいことをする母親は、夫や姑からひどい仕打ちを受けたり、家族制度の犠牲になったりしている人が少なくありません。悲しいです、同じ女性として。自分が受けた苦しみを娘の支配に転嫁させてしまう状況をどうしたら変えられるのか、ずっと考えています。

上岡　誰かを責めることでは解決しないんですよね。ダルク女性ハウスに来る女性たちは、三代、四代にわたる家族の物語をもっています。彼女を傷つけた母親を悪者にすればすむというわかりやすい話しではありません。母親の向こうに祖母の、祖母の向こうに曾祖母の……というため息が出そうな過酷な現状がある。代々にわたる歴史のどこかで、助けの手を入れることはできなかったのか、何かできることはなかったのかと考えてしまいます。

信田　もちろん背景を知ることは重要です。でも、だからといって、娘にやったことが帳消しになるわけではありません。ＤＶの加害者にも、面前ＤＶ（子どもの前で行われるＤＶ）の被害者がかなりの割合でいることは事実です。でも、そのことは彼らのＤＶ加害を帳消しにはしない。これはすごく大事なことです。

むしろ、自分が受けた被害を加害と連結させてしまった責任をきちんととることが、被害者の回復にもなるとわかってほしいです。加害者が責任をとるということは、自身が過去に受けた被害の回復の一環である。そういう公式を作らなければ希望がなくなってしまいます。

上岡　そのとき支援する側は難しい立場に立たされますね。話を聞いて「犯罪だ」と思うけど、同時に加害者自身が受けた被害のことも考えなくてはいけない。その上で「どう責任をとるの？」と問いつづけるのは葛藤を抱えることなんですよね。だから加害者プログラムは人気がないのかもしれません。でも専門家には慣れてもらわないと。

信田　本当にそう思います。カナダから日本に研修に来た加害者プログラムの専門家たちの態度は、とても印象的でした。言葉ではなく態度から伝わってくるものがありました。具体的に言うと、加害者にとても共感的なんですが、絶対に彼らに迎合せず、毅然としていました。これは重要なことだと思います。

上岡　なるほど。同時に、責任をとった人をちゃんと認める社会であってほしいですね。私は人は変わると思っています。成長すると信じているんです。まわりもそう信じて、成長を喜んであげてほしい。まあ、自分の状態がよくないと、ほかの人のことを喜べないから、無理してはだめですけど。

信田　日本語の「更正」という言葉には暗いイメージがつきまといますが、加害者更正プログラムは、責任をとって被害者共感もし、さらに自身の変化を肯定するような　ものであることが大事ですね。それは決して被害者をないがしろにすることではない　と私は思います。

上岡　そうなんです。　実は被害者を安全にするんですよね。

信田　加害・被害について考えるにあたって、既成の表現を越えて、新しい言葉を作　っていかなくてはいけません。加害者プログラムと称したもののなかには、本人の脳　に問題を帰すような局所化した解釈をするものがありますが、間違ってもそういう理　解はしてほしくない。　社会にひらかれた問題だとわかってほしいですね。

上岡　経験から言っても、加害・被害を文章化できるようになるまで、とても長い時　間がかかります。それでも体験を文章化して人と分かち合うことには意味があります。　先ほども言いましたが、ダルク女性ハウスではメンバーが当事者研究をやっていま　す。どこに問題があるのか、そもそも問題が問題であることさえわからない。自分で　はわからないし、今まで誰も教えてくれなかった、だからこそ知りたい。そういう、　「わからない」から始まる当事者研究です。何でも語って、すぐにみんなで相談する。　そういう実践が当事者研究につながりました。

二〇〇五年に本格的に始まった当事者研究は、『Don't you?　私もだよ　からだのことを話してみました』（ダルク女性ハウス、二〇〇九）、『その後の不自由』（大嶋栄子との共著、医学書院、二〇一〇）、『生きのびるための犯罪《みち》』という本になりました。自分について書かれているとわかること、社会に暮らす様々な人たちと混ざりあっていくことは貴重な経験です。声が社会に届き、少しでも社会が変わるなら、ひとりで苦しみを抱えずに回復していけるかもしれない。私はそう思っています。

著者

信田さよ子（のぶた・さよこ）：1946年生まれ。臨床心理士。原宿カウンセリングセンター所長。お茶の水女子大学大学院修士課程修了。専攻分野はアディクション全般、アダルト・チルドレン、家族問題、ＤＶ、虐待など。性暴力やハラスメントの加害者、被害者へのカウンセリングも行なっている。著書は『母が重くてたまらない』『さよなら、お母さん』『家族のゆくえは金しだい』『〈性〉なる家族』（いずれも春秋社）、『依存症臨床論』（青土社）、『アディクション臨床入門』（金剛出版）、『ＤＶと虐待』『カウンセラーは何を見ているか』（いずれも医学書院）、『共依存』（朝日文庫）ほか多数。

シャナ・キャンベル（Shawna Campbell）：1954年生まれ。アミティ母子プログラムディレクター。売春、薬物依存、刑務所での服役体験などをもつ。子どもを残して家を出たが、その後再会し、関係を修復中。これまでの想像を超える経験については本書の中で詳しく述べられている。薬物依存者のカウンセラーの資格をもっている。

上岡陽江（かみおか・はるえ）：1957年生まれ。ダルク女性ハウス施設長／精神保健福祉士。10代から処方薬依存・摂食障害・アルコール依存を経験し、20代半ばで回復プログラムにつながる。1991年に薬物・アルコール依存症をもつ女性をサポートするダルク女性ハウスを設立。依存症の母親とその子どものための包括的な支援に注力。当事者への支援に加え、援助職者のための研修、グループワーク、スーパーバイジングなどにも従事。2018年より東京大学熊谷晋一郎研究室にて協力研究員として、当事者研究事業に参加。共著書に『生きのびるための犯罪（みち）』（上岡陽江＋ダルク女性ハウス、イースト・プレス）、『その後の不自由』（上岡陽江＋大嶋栄子、医学書院）、『ハームリダクションとは何か』（上岡陽江＋松本俊彦＋古藤吾郎、中外医学社）。

訳者

坂上香（さかがみ・かおり）：ドキュメンタリー映画監督。NPO out of frame 代表。ＴＶディレクター時代から「被害者」による死刑廃止運動、犯罪者の更生、治療共同体、修復的司法、ドラッグコート（薬物裁判所）など、オルターナティブな暴力・犯罪への向き合い方を映像化。ＡＴＰ賞第1回新人奨励賞、文化庁芸術祭テレビ部門優秀賞等、多くの賞を受賞。主な映画に「ライファーズ　終身刑を超えて」（2004）、「トークバック　沈黙を破る女たち」（2013）、「プリズン・サークル」（劇場公開2020）がある。著書に、『癒しと和解への旅』（岩波書店）、『ライファーズ　罪に向き合う』（みすず書房）。シャナ・キャンベルを日本に招聘し、「女性と暴力」に関するワークショップをコーディネート。本書では通訳をつとめた。

＊本書は、『虐待という迷宮』（春秋社、二〇〇四年）を増補し、改題したものである。「序論」「Ⅰ」「Ⅱ」「Ⅲ」「Ⅳ」「おわりに」は『虐待という迷宮』を再掲した。「対談　被害と加害をとらえなおす」は、二〇一九年六月二十七日に行われた東京・代官山蔦屋書店におけるトークイベントの内容を再構成し、加筆修正をほどこしたものである。

被害と加害をとらえなおす——虐待について語るということ

2019年10月30日　初版第1刷発行
2022年6月30日　　　第2刷発行

著　者＝信田さよ子　シャナ・キャンベル　上岡陽江
発行者＝神田　明
発行所＝株式会社　春秋社
〒101-0021　東京都千代田区外神田 2-18-6
電話（03）3255-9611（営業）・（03）3255-9614（編集）
振替　00180-6-24861
https://www.shunjusha.co.jp/
印刷所＝港北出版印刷株式会社
製本所＝ナショナル製本協同組合
装　丁＝鎌内　文
装　画＝横村　葵

ISBN 978-4-393-36559-5　C0011
定価はカバー等に表示してあります